AF193326

Círculo Rojo

Viviendo en alta frecuencia
Técnicas energéticas para una vida extraordinaria

Viviendo en alta frecuencia

Técnicas energéticas para una vida extraordinaria

Rosa Rioja

Círculo Rojo
EDITORIAL

Primera edición: abril 2024

Depósito legal: AL 741-2024

ISBN: 978-84-1073-021-2

Impresión y producción: Editorial Círculo Rojo

© Del texto: Rosa Rioja
© Maquetación y diseño: Equipo de Editorial Círculo Rojo

Editorial Círculo Rojo

www.editorialcirculorojo.com

info@editorialcirculorojo.com

Impreso en España - Printed in Spain

Editorial Círculo Rojo apoya la creación artística y la protección del copyright. Queda totalmente prohibida la reproducción, escaneo o distribución de esta obra por cualquier medio o canal sin permiso expreso tanto de autor como de editor, bajo la sanción establecida por la legislación.
Círculo Rojo no se hace responsable del contenido de la obra y/o de las opiniones que el autor manifieste en ella.

El papel utilizado para imprimir este libro es 100% libre de cloro y, por tanto, ecológico.

Índice

1.- INTRODUCCIÓN 11

2.- ¿DÓNDE ESTOY?...15

3.- ¿CÓMO SOY?...17

4.-¿CÓMO ME SIENTO Y QUÉ QUIERO? 21

5.- CÓMO FUNCIONA EL UNIVERSO Y SUS LEYES 25

6.- A TENER EN CUENTA 29

7.- MANOS A LA OBRA..33

8.- TUS TRES CUERPOS Y CÓMO RELAJARLOS y/o ACTI-
VARLOS SEGÚN LO QUE DESEES.................................35

9.- LA ENERGÍA Y TU CUERPO ENERGÉTICO. 41

10.- EL EGO Y LAS ENTIDADES..................................57

11. SANANDO MOLESTIAS FÍSICAS 71

12.- PROPÓSITOS Y PLANES DE VIDA 81

13. SANACIÓN ENERGÉTICA 87

14. CHAKRAS Y TÉCNICAS ENERGÉTICAS 97

15. CREA TU REALIDAD. 113

16. BLOQUEOS Y CONFLICTOS.
¿CÓMO DESHACERLOS? 133

17. CÓMO USAR LA ENERGÍA PARA ATRAER
LO QUE DESEAS...145

18.- MÁRKETING ENERGÉTICO................................151

1.- INTRODUCCIÓN

He dedicado muchas horas de mi vida a ir aprendiendo, y sigo en ello, sobre el Universo, sus leyes, cómo funcionan las energías, cómo todo está conectado y qué es lo que tenemos que aprender para poder tener todo aquello que deseamos de forma fácil.

Es difícil creer que se puede conseguir todo aquello que deseas de una forma fácil porque lo que nos han dicho siempre es que hay que trabajar duro, que hay que sudar la gota gorda para conseguir cosas grandes, que el dinero no crece en los árboles y un largo etcétera.

La verdad es que a mi también me sucede que, a veces, me dejo llevar por esa programación y por eso he creado este libro, con la decisión y sabiduría de que va a ser un best seller y que con ello voy a ayudar a mucha gente que, como tú, ha decidido parar la rueda del hámster, pensar, sentir y darse cuenta de que la vida es mucho más sencilla de todo aquello que nos han contado.

Si consigues ser tu propio maestro y dueño de tu poder interior te vas a dar cuenta de todas las cosas tan sorprendentes de las que eres capaz. Pon a trabajar tu poder interior, reconecta con tu sabiduría, ábrete al mundo espiritual y sutil para ver cómo los milagros se dan en tu vida, cómo vas obteniendo todo aquello que deseas, cómo tu vida va cambiando.

Aún hay gente que me dice que vivo en los mundos de Yupi, si no sabes esta expresión te escribo literalmente lo que pone si buscas en Google: "significa que alguien vive alejado de la realidad, que no sabe cómo son las cosas.

Generalmente se utiliza cuando alguien tiene opiniones, una forma de pensar o se comporta de forma irracional" y todo viene por una serie de TV que hubo a finales de los 80 donde el protagonista era Yupi, un extraterrestre. Y eso es como yo siempre me he sentido, un poco extraterrestre por pensar tan diferente.

Desde esta introducción, quiero agradecerte y darte la enhorabuena por pensar diferente o por lo menos tener la mentalidad abierta a ello. Verás que de esta manera vas a conseguir cosas muy especiales en tu vida, vas a enriquecer tu vida y terminarás pensando que vives en los mundos de Yupi, así que bienvenid@.

Recuerda: "La locura es repetir los mismos errores y esperar resultados diferentes"

Habrá momentos en este libro donde tengas que hacer ejercicios porque quiero que sea un libro práctico, quiero que hagas todo aquello que vamos hablando ya que sólo así conseguirás todo aquello que deseas.

Quiero dedicar este libro a mis padres, sobre todo a mi madre que siempre me apoyó aunque no fué fácil para ella tener una hija tan rebelde e inconformista como yo, por eso mamá, aunque ya no estés aquí encarnada, quiero agradecerte y dedicarte este libro porque tu alma, tu energía siempre va conmigo.

También se lo dedico a mis pocas amigas y amigos que me han ido apoyando en este camino de crecimiento espiritual solitario.

Dedicado a mi Maltés, Apolo, que ha sido el más paciente, esperando a que terminase de escribir cada capítulo para que pudiésemos salir de paseo.

Dedicado a la gente que va despertando y ya no ve este mundo de energías como algo de "gente rara", de "colgados" o "fumados".

Con todo mi amor,
gracias, gracias, gracias
rosa rioja

2.- ¿DÓNDE ESTOY?

¿Alguna vez te has hecho esta pregunta?

¿En qué lugar de la vida te encuentras?

y no me refiero a un lugar físico, me refiero a si te encuentras en un momento feliz, en un momento de paz interior, a un momento de realización o si por el contrario aún estás buscando algo en tu vida. Ya sea físico, de salud, financiero, una dirección, un propósito...

Todos buscamos algo, siempre hay algo con lo que no estamos al 100% de acuerdo o felices e intentamos mejorar esa parte de la vida. Esto sólo pasa si te paras a sentirte, si te paras por un momento a respirar y pensar si realmente te sientes bien en todas las áreas de tu vida o si hay alguna donde no sientes que estás completo.

Y eso es buena señal, sentirse que quieres avanzar en algún área de tu vida quiere decir que no vives como un zombie, que no vives como un hámster en una jaula corriendo hacia ningún lado.

Hoy en día me da pena ver a gente que no tiene iniciativa propia, que no tiene visión, personalidad, que se deja llevar por la masa, que hace todo aquello que hacen los demás sin ni siquiera plantearse si ellos quieren o no.

Tienes que ir a estudiar, mejor si terminas la Universidad para encontrar un buen trabajo, casarte, hipotecarse, tener hijos...

¿Te suena todo esto? Pues si, es la programación que nos han inculcado y aquellos que nos salimos de ahí somos los "raros", pues enhorabuena por ser otro raro en el camino. Siempre los "raros"han sido los que han cambiado el mundo.

Así que siéntete bien y un privilegiado por pertenecer a este Club tan minoritario.

3.- ¿CÓMO SOY?

Esta es una pregunta que parece fácil de responder debido a que creemos que nos conocemos, pero muy pocas veces paramos la mente, ese mono que tenemos dando vueltas todo el tiempo, nos sentamos, respiramos profundo y nos preguntamos:

¿cómo soy conmigo mismo?

¿con los demás?

¿Qué deseo de corazón?

Así que te invito a que ahora mismo dibujes un círculo aquí mismo en este libro para que lo vayas rellenando a medida que avanzamos con la lectura y ese círculo lo dividas en 4 partes.

Las vas a titular:

Mis Fortalezas, Mis Debilidades, Lo que me gusta hacer, Lo que hago porque lo tengo que hacer.

En este momento vas a centrarte en uno de los apartados, vas a cerrar los ojos, tomar de 3 a 5 respiraciones profundas respirando con el estómago y al abrir los ojos quiero que escribas todo aquello que te llega, sin juzgar, piensa que este es un libro para tí, para tu evolución personal y si no quieres que nadie vea lo que escribes entonces utiliza una hoja aparte pero hazlo escribiendo todo aquello que te llegue.

Hoy sólo vas a hacer un apartado. Mañana o cuando vuelvas a retomar el libro para seguir leyendo vas a hacer otro apartado y así sucesivamente hasta que termines los 4.

Una vez que los termines quiero que lo leas con una mentalidad de apertura, mira los 4 apartados y déjate sentir si todo lo que ves ahí escrito te hace sentir pleno y feliz o deseas cambiar alguna cosa, todas... para eso estamos, para crecer como personas, cada uno en los apartados con los que no estamos a gusto.

Ya sabes que "como es adentro es afuera" y si alguno de esos apartados no te gustan, la vida va a hacer que atraigas a personas, situaciones parecidas actuando como espejo para que las puedas ver, lo que pasa muchas veces es que vamos tan rápido que incluso aunque la vida nos las refleje fuera no las vemos dentro. De ahí la importancia de este ejercicio.

Así que ve a por un lápiz, boli, dibuja un círculo, lo divides en 4 partes y cada parte la vas a nombrar como hemos comentado.

Respira profundo y escribe todo aquello que te llegue en uno de los apartados.

Tómate el tiempo que sea necesario para este ejercicio porque es una parte fundamental en tu crecimiento.

FORTALEZAS

DEBILIDADES

ME GUSTA HACER HACER

LO TENGO QUE

4.-¿CÓMO ME SIENTO Y QUÉ QUIERO?

Enhorabuena por tomarte un tiempo y dedicarlo a ti, a tu crecimiento personal y espiritual.

En este capítulo vamos a hacer otro ejercicio muy parecido al anterior porque para poder cambiar y sanar primero tenemos que conocernos bien, conocer aquello en lo que queremos mejorar. Para mi el mejor ejemplo para esto es el ejemplo de un coche que se estropea y lo llevas al mecánico, éste para poder repararlo primero tiene que conocer y saber bien lo que le pasa al coche, no puede empezar a cambiar piezas al azar o piezas que son las que normalmente se estropean porque quizás a tu coche no le pase nada de eso y de esa forma no se va a reparar.

Por lo tanto vamos a hacer otro ejercicio de introspección para ir avanzando en nuestro propósito de vida.

Ahora vas a dividir la hoja en 3 columnas, y las vas a titular: Me siento bien si…. Me siento mal si… Quiero hacer más de….

Y vas a hacer lo mismo que en el capítulo anterior, concéntrate en una de las 3 cosas, vas a cerrar los ojos, tomar de 3 a 5 respiraciones lentas y profundas con el estómago y te vas a dejar sentir y todo aquello que te venga a la mente lo vas a ir anotando en esa columna.

No hagas las tres columnas a la vez, deja pasar un día de una a otra, ya sé que ahora se te está acumulando este junto con el ejercicio anterior, no importa, en siete días lo tienes todo terminado porque de este ejercicio son tres aspectos y del anterior son cuatro.

Puedes continuar leyendo el libro y terminarlo si quieres en un solo día, pero acuérdate de continuar haciendo los ejercicios día tras día hasta acabar todos.

Hago hincapié en que no quiero que escribas más de un aspecto por día porque como no estamos acostumbrados a hacer este tipo de cosas la mente nos puede engañar y por querer terminar cuanto antes, no dejar salir todo aquello que tiene que salir.

Divide ahora esta hoja en 3 columnas y las titulas como hemos comentado, también puedes optar por hacerlo en una hoja fuera del libro, si lo haces así te recomiendo que la dejes en un sitio que te acuerdes dónde está, incluso en el mismo libro porque lo necesitaremos para ir leyendo lo que hemos escrito y después de un tiempo, meses o años, ver en todo aquello en lo que hemos mejorado y lo que aún nos queda por trabajar.

Te dejo esta hoja para que completes el ejercicio de las 3 columnas.

Me siento bien si...	Me siento mal si...	Quiero hacer más de...

5.- CÓMO FUNCIONA EL UNIVERSO Y SUS LEYES

No sé si a estas alturas te habrás dado cuenta de que todo es vibración, de que hay personas que siempre se quejan y normalmente su vida está llena de desafíos.

A mi me ha pasado el hecho de que cuando yo vibraba de una forma, atraía amistades y parejas que estaban en esa sintonía y según he ido cambiando mi frecuencia esas amistades y parejas han desaparecido, por una cosa o por otra, la vida me las ha alejado debido a que ya no estaban en sintonía con mi frecuencia.

Y... ¿cómo hacemos esto? pues muchas veces es algo inconsciente, es tan sutil ese cambio que casi ni te das cuenta, empiezas a ver que personas con las que tenías afinidad ya no quedas con ellas, no te apetece salir con esas amistades, incluso puedes llegar a discutir.

Puede que llegue un momento en el que estés solo y ese es el primer paso del cambio, la soledad del alma, la noche oscura, la vida nos pone ahí para que tengamos tiempo y conectemos con nosotros mismos. Estando en soledad te enfrentas a tus sombras, a lo que nunca has visto de ti, a lo que no te gusta, puede que tengas momentos en los que no quieras ni seguir viviendo porque no le ves sentido a la vida... No te preocupes, casi todo el mundo que ha hecho un cambio de vibración muy fuerte ha pasado por ahí.

La luz que más ilumina se encuentra en el momento de mayor oscuridad.

Hay un animal que a mi me fascina y es el Águila, este pasa por ese momento de oscuridad en la vida, cuando llega a los 40 años sus plumas le pesan tanto que no puede casi volar, sus uñas son tan largas que casi no le permiten sujetarse de las ramas y su pico es tan largo y encorvado que casi ni le sirve.

En ese momento, sabiamente, decide retirarse de forma solitaria a una cueva. Allí se arranca las uñas, las plumas y se lima al máximo el pico. Debe ser un proceso muy doloroso pero al cabo de unas semanas o meses, ese águila sale de la cueva renovada completamente, lista para una nueva vida, un nuevo comienzo.

Otro ejemplo son los árboles, en invierno pierden todas sus hojas y parece que estuvieran muertos para luego en primavera renacer con más energía.

Tenemos mucho que aprender de la naturaleza.

Como es adentro es afuera, como es arriba es abajo. Esa es una de las leyes del Universo que quiero que en este libro tengas muy presente.

La vida que llevas ahora mismo exteriormente está reflejando todo lo que tienes en tu interior.

Tu salud es igual, si hay algo que no está bien físicamente es debido a que hay algo interiormente que no ha sido sanado o incluso que no has puesto atención.

Muchas veces sólo el hecho de darnos cuenta de porqué tenemos una enfermedad, de hacernos conscientes, es el comienzo de la sanación de la misma.

Así que ten siempre presente esta gran Ley del Universo y si hay algo de tu vida material o de salud que no te gusta, mira lo que debes cambiar en tu interior.

Hacernos conscientes de todo esto es un gran paso, a medida que avanzamos con el libro te voy a ir contando distintos secretos energéticos que se nos han escondido a lo largo del tiempo. Si todo esto salía a la luz la humanidad se podía empoderar y eso no es lo que interesa a quienes controlan el mundo ahora mismo. Gente empoderada no se puede esclavizar.

La finalidad, mi finalidad, al escribir este libro es tu empoderamiento, que recobres ese Dios que tienes en tu interior, ese ser poderoso que puede conseguir todo lo que quiere, que vea la abundancia tal y como el Universo nos brinda todos los días.

Hay una gran abundancia en el Universo, abundancia de agua, de aire, de oxígeno, de plantas, de vida, de hojas, de luz, de calor, de todo... esto no es lo que nos han enseñado ni lo que se cuenta en los medios de

DES información porque si ves y eres consciente de esa abundancia entonces no vas a sentir miedo a perder nada y si no tienes miedo eres poderoso, si eres poderoso no te pueden controlar ni esclavizar y eso no les va bien a estos controladores....

Todo esto, por fin, está cambiando y va a seguir cambiando de forma muy rápida, Plutón entró en Acuario el 21 de Enero de 2024 definitivamente y estará en este signo durante 20 años. Acuario es el signo de la Humanidad, de que las personas son todas iguales, del no control, de que no hay líderes, ni Gurús, ni nada de eso. Tú eres tu propio líder, tu propio Gurú, eso es Acuario. Y Plutón viene a sacar todo eso a flote, a la superficie, a romper con las antiguas normas para comenzar una nueva Era de empoderamiento personal.

27

Por eso es importante para este nuevo ciclo tener todo esto claro, saber cómo manejar nuestro poder interior y disfrutar de la vida de la forma que tú quieras y no de la forma que otros te impongan.

6.- A TENER EN CUENTA

Ahora que ya sabes más de cómo funciona todo, de lo poderoso que eres, de tí, de cómo te sientes, cómo te ves, qué quieres en la vida... voy a darte unas pautas para que tengas en cuenta a la hora de realizar los ejercicios que vamos a ir haciendo a lo largo de este libro.

Como todo en esta vida vas a necesitar ejercitar tus poderes interiores y eso se hace experimentando, es como si no tienes masa muscular y quieres conseguir un gran bíceps, te apuntas al gimnasio y un dia haces dos horas de pesas, otro día una hora, así sucesivamente pero si después de un mes dejas de ir porque te cansas, no ves el resultado y lo dejas.

De esa forma no vas a conseguir nada, es mejor que empieces más lentamente, poco a poco, el primer dia cinco minutos, luego diez minutos y mantenerlos durante un año seguido, estoy segura de que después de un año vas a tener un bíceps muy bonito, vas a conseguir aquello que buscabas.

Con la espiritualidad, la energía, los decretos es lo mismo. Tienes que conseguir encontrar en el día de cinco a diez minutos para ti, para que conectes con tu interior, para que te analices, para que eleves tu vibración, y por eso quiero darte mi enhorabuena por decidir comprar y leer este libro donde vamos a ir trabajando todo esto dia a dia de forma fácil, con poco tiempo y constante para que llegues a tu objetivo.

También quiero que sepas que este viaje de auto conocimiento, auto sanación, auto empoderamiento es un viaje eterno, es decir, no creas que va a llegar un día en el que ya estés al cien por cien, puedas relajarte y decir que ya todo tú y toda tu vida es perfecta porque no es así, es un viaje sin final, cada vez vas a ir afinando más en tu mejora y con el tiempo serán cambios sutiles los que vayas dando porque ya no tendrás que hacer unos cambios tan grandes en cuestión energética.

He visto gente que se hace llamar Gurú o Maestro que creen que han llegado ya al summum de la perfección y para nada, nunca más lejos de la realidad. Quizás estén a una vibración mucho más alta que la tuya o la mía pero lo que les suele pasar es que tienen que trabajar alguna sombra que no han visto y debido a su Ego ni lo ven ni lo quieren ver.

Yo también estoy en ese camino, evolucionando día a día y para nada he llegado a la perfección, tengo aún mucho camino por delante. Aquí quiero enseñarte todo aquello que he aprendido para que si estás empezando puedas avanzar de forma más rápida y quizás algún día incluso me pases en evolución.

Esto no es una competición por cierto, lo digo porque es una forma de hablar en la que se puede entender el concepto.

Cada uno está en un punto de salida diferente y va a ir evolucionando de forma personal, ni mejor ni peor, diferente. Eso es algo que tenemos que dejar atrás también , y en eso yo aún tengo que trabajar mucho, en dejar de compararnos y comparar a los demás, hay que darse cuenta de que cada persona es diferente, cada cual ha elegido el camino en el que está y lo mejor es que seamos diferentes, que evolucionemos de distintas formas porque así, de esta manera es como podemos ayudarnos y complementarnos los unos con los otros.

30

Siéntete feliz de que seas diferente a los demás, de que seas único y de que estés en el nivel de consciencia, de evolución que estás ahora.

Recuerda los ejercicios de los capítulos 3 y 4 para que sigas con ellos si aún no los has terminado y que no te olvides de finalizarlos porque son muy importantes. Es crucial saber dónde estás ahora.

Otra cosa que quiero pedirte es que mantengas una actitud de mentalidad abierta y positiva, que no pienses que todo esto es una pérdida de tiempo, que son tonterías... porque yo he pasado por ahí y eso lo único que me trajo es retraso en mi evolución.

Así que habiendo dicho todo esto que creo es importante y sabiendo que estás dispuesto a tener tu mentalidad abierta a todos los ejercicios que te voy a ir proponiendo vamos a pasar al siguiente capítulo...

7.- MANOS A LA OBRA

Quiero que para el resto del libro tengas preparada una libreta o incluso sólamente un bolígrafo porque voy a ir dejando espacios en blanco en el libro para que puedas realizar los ejercicios incluso si no dispones de una libreta.

Te recomiendo ir apuntando cómo te vas sintiendo cada día con los ejercicios, incluso si sientes que no sirven para nada, si sientes que es una pérdida de tiempo, o si por el contrario estás disfrutando, estás viendo cambios en tus relaciones con los demás.... Ten en cuenta que, como ya hemos comentado, cuando nosotros cambiamos cambia todo nuestro entorno. Normalmente pensamos que la gente está cambiando, que ahora se han vuelto más agradables... pero lo único que ha cambiado eres tú, por eso ahora la gente que está en contacto contigo es gente mejor, más agradable debido a que tú estás siendo mejor y más agradable contigo mismo y has cambiado tu frecuencia vibracional atrayendo ese tipo de personas.

También recuerda tener de cinco a diez minutos para tí todos los días sin ningún tipo de distracción.

En cuanto a la alimentación hay gente que dice que es mejor tener una alimentación más sana cuando empezamos a hacer este tipo de cambio vibracional, que ayuda más y bueno, como ya hemos comentado "como es adentro es afuera" según se encuentre tu cuerpo, según esté bien nutrido pues puede que sea mejor que si está basado en una alimentación pobre en nutrientes y adictiva como llena de azúcares, procesados...

De todas formas en este libro no voy a basarme mucho en esto porque en mi vida he visto a muchos tipos de personas, he tenido maestros que tenían una alimentación muy "sana" basada casi todo en plantas y otros con una alimentación más rica en azúcares y ambos han sido unos maestros excepcionales.

No significa que por tener peor alimentación vayas a tener peor evolución aunque, en líneas generales, sí que influye debido a que los alimentos también tienen su vibración y eso lo estamos metiendo en nuestro organismo, pero ya no sólo la vibración del alimento sino de la persona que ha hecho la comida, si lo ha hecho con amor aunque no sea una comida tan "sana" te va a aportar mejor vibración que una comida "sana" hecha por una persona que estaba estresada y lo ha hecho por hacer, sin amor, con prisas.

Y por último y no por ello menos importante, tus creencias, tanto si crees que todo esto que te voy a contar te va a funcionar como si no lo crees vas a estar en lo correcto. Porque si desde ya estás pensando que todo esto es una chorrada, un cuento de chinos y que no funciona seguro que no te va a funcionar hasta que no cambies esa creencia por una más abierta.

8.- TUS TRES CUERPOS Y CÓMO RELAJARLOS y/o ACTIVARLOS SEGÚN LO QUE DESEES

Lo primero que quiero que quede claro aquí y que es muy importante que lo entiendas para poder ir avanzando es la diferencia entre Cuerpo y Mente.

Vamos a llamar El Cuerpo a todo aquello que ocurre en nuestro cuerpo físico: tenemos cinco sentidos y a través de ellos podemos ver cosas, oler, degustar, tocar y escuchar.

La Mente es todo aquello que sucede en nuestro espacio interno, es la percepción subjetiva.

Aquí también tenemos cinco sentidos, ahora mismo te puedo decir que recuerdes el sabor del limón en la boca y estoy segura de que tus glándulas salivares han empezado a activarse y salivar debido a que ese recuerdo es muy vívido, lo mismo con los otros cuatro sentidos. Aunque a veces hay alguno de estos sentidos que nos cuesta mucho más, hay gente a la que le cuesta recordar un olor, o una cara, etcétera.

Así que hasta ahora ya tenemos diez sentidos, los cinco del Cuerpo y los cinco de la Mente.

Lo que sucede físicamente tiene un paralelismo a nivel mental. Esto viene a corroborar la Ley de Correspondencias: Como es arriba es abajo y como es adentro es afuera.

Vamos a profundizar un poco más y voy a decirte que tenemos otro cuerpo además del físico que es el más denso, nuestro cerebro es físico y la mente es más sutil, es la experiencia subjetiva.

Si nos adentramos más en esa mente entramos en la mente inconsciente y a veces toma el mando, como por ejemplo cuando imaginamos, al recordar, al proyectar historias...

Cuando sueñas, esos sentidos mentales adquieren un realismo tan brutal que piensas que estás en la realidad, imagino que alguna vez has soñado que volabas y ese realismo ha sido tal, que en ese momento del sueño no has dudado para nada de que estabas volando.

Soñar es profundizar aún más en las capas más sutiles de la mente. El inconsciente es la capa más sutil de la mente.

Ahora te voy a plantear algo, ¿y si lo que sucede en la mente inconsciente y en un nivel de sueño corresponde a otro cuerpo que lo vamos a llamar cuerpo energético? Esto es una hipótesis que quiero que te plantees para seguir avanzando.

Así que en este Cuerpo Energético es donde soñamos, imaginamos, sentimos corazonadas, buenas o malas vibraciones...

Ahora, si mi Cuerpo tiene cinco sentidos y mi Mente tiene cinco sentidos, mi cuerpo inconsciente que es mi Cuerpo Energético también tiene que tener cinco sentidos.

La Espiritualidad se basa en profundizar en ese Cuerpo Energético y llegar, experimentando, a otra capa más sutil y así seguir profundizando sucesivamente.

Normalmente no accedemos a los cinco sentidos de este Cuerpo Energético, se hace mucho más difícil entrar ahí, con este libro te voy a ir dando unos ejercicios que podrás implementar en tu vida diaria para poder llegar ahí y profundizar en todo lo que quieras y así conseguir todos tus objetivos. Vamos a buscar estrategias para ir acercándonos más a ese Cuerpo Energético y así entender cómo funciona.

Ya sabemos que tenemos tres cuerpos: Cuerpo Físico CF, Cuerpo Mental CM y Cuerpo Energético CE. Para acortar les voy a llamar CF, CM y CE.

Te habrás dado cuenta que a veces percibes lo que está en un plano más sutil y otras veces no, como por ejemplo, hay veces que sientes cierta vibración de una persona, un lugar y te da buenas o malas sensaciones y otras veces no lo percibes.

La razón a esto es debido a que si estás muy concentrado, por ejemplo, en el CM, estás leyendo ahora este libro muy atentamente para entenderlo todo bien entonces estás desatendiendo tu CF y seguro que no sentirás hambre, ganas de ir al baño... si tu capacidad mental es muy absorbente te desconectas del CF y sus sentidos.

La atención no puede estar en todas partes a la vez, si no está en el CF, de forma natural pasa al CM. Por eso si consigo que esa atención no esté ni en lo físico ni en lo mental entonces automáticamente va a pasar a estar en el cuerpo energético. Al ir apagándose un cuerpo debido a que la atención no está puesta en ese cuerpo va pasando al siguiente, si estando en el CE soy capaz de sostener el silencio y la relajación pasaré entonces a otro cuerpo más sutil, y así sucesivamente.

En eso consiste la Meditación y podemos, a través de ella, llegar al máximo de sutileza posible, esto se llama de diferentes formas según las culturas: Dios, unión con el Universo, experiencia Satori, experiencia Samadhi... y es una sensación total de conectividad.

En la Meditación quiero que mi mente me obedezca, porque normalmente no es así, el cerebro reptiliano domina nuestra vida, yo diría que el 99% de la humanidad vivimos de esta manera, presos de nuestros instintos. El CF es el que manda y gobierna toda tu vida.

Se nos quiere vender la idea de que todo sucede por lo que pasa en nuestro CF, que el CM es algo residual, se da más importancia a lo físico.

Cuando tenemos una enfermedad, la medicina convencional nunca se para a mirar lo que te ha podido ocurrir en tu CM, los pensamientos que has tenido, las sensaciones de tu CM que han influido en tu CF causando esa enfermedad.

Como ya sabrás y si no lo sabes te lo digo ahora, tu mente influye en tu cuerpo, lo que pasa en tu mente altera la bioquímica de tu cuerpo. Hay una bidireccionalidad, el cuerpo influye en tu mente y tu mente también influye en tu cuerpo, de ahí la somatización, el efecto placebo, el efecto nocebo...

Por lo tanto, si funciona la sugestión, ¿por qué no la utilizamos a nuestro favor? la mente influye en la materia y en el cuerpo, es decir, si soy capaz de activar mi cuerpo activo también mi mente, y si activo mi mente también activo mi cuerpo.

Es muy importante aprender a frenar y relajar completamente el cuerpo y la mente porque de esta manera nuestra atención va a pasar al cuerpo energético y ahí tendremos otra capa de la realidad.

Es muy importante que trabajes todas estas capas.

Mi primer objetivo aquí, para contigo es que entiendas por qué a veces no consigues parar la mente, por qué a veces no consigues que el cuerpo te obedezca.

Vamos a ir ahora a ese punto y poder entender cuáles son los factores que impiden que tu cuerpo y tu mente se relajen para así poder conectar con ese cuerpo energético, vamos a hacerlo a través de unas técnicas para poder conseguirlo.

La relajación es la contraparte de la activación, ambas actúan como un binomio.

El CF se puede activar desde el interior o desde el exterior, si lo tocamos, miramos...lo estamos activando porque le estamos poniendo atención, también inconscientemente se puede activar al producirse un desequilibrio con lo de fuera como por ejemplo con el frío, el hambre... Cuando la estimulación es negativa es bastante más difícil quitar la atención de ahí.

El CM funciona igual que el CF, se estimula a través de los datos, la información que me llega y de forma negativa a través de una preocupación que es un desequilibrio. Un estímulo negativo del CM sería la vanidad.

El CF y el CM se relajan generando un silencio, tranquilidad, ausencia de estímulos o creando una situación o actividad en la que podemos mecanizar nuestra respuesta. Por ejemplo, si conduces te habrás dado cuenta de que no tienes que pensar en los pasos que tienes que dar para cambiar el pie del embrague, poner las marchas, pisar el acelerador... después de un tiempo esto lo haces de forma mecanizada.

El CE también está sujeto a mecanismos de relajación, activación y de desequilibrio. Si lo tiene el CF y el CM también lo tiene nuestro CE.

El CE lo podemos activar negativamente y sentiremos un vacío existencial. Cuando sientes indignación por una injusticia también es una activación negativa del CE y de ahí suele pasar al

CM. El sentimiento de culpa es lo mismo, empieza en el CE y luego va al CM.

El CE tiene más sabiduría que el CM porque aunque sienta una culpa "manipulada"también puedo sentir culpa por no defenderme y permitir una injusticia dentro de mi. El CE siempre reacciona cuando le falta algo.

El CE puede estimularse positivamente, y eso es lo que nos interesa, a través de vibrar en amor, vibrar en justicia, autorrealización, sensación de plenitud…

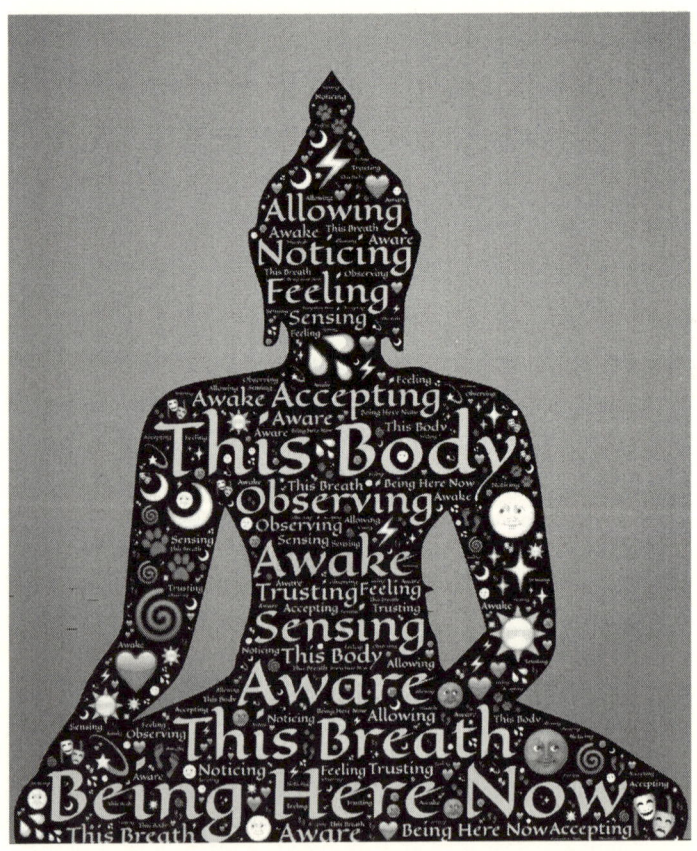

9.- LA ENERGÍA Y TU CUERPO ENERGÉTICO.

Vamos a empezar con un concepto que quiero que tengas claro, el cuerpo puede afectar de manera positiva o negativa a la mente y viceversa. Por lo tanto la conclusión lógica es que el Cuerpo Emocional también puede influir positiva o negativamente en el CF y CM.

Lo mejor es que todo esto lo realices y hagas a tu voluntad.

¿Qué significa influir en algo? influir es traspasar energía o códigos de información de un lugar a otro.

El CE también puede influir de una persona a otra, de ahí que hay personas que cuando las conoces te dan una vibración positiva o negativa.

La energía es lo que traspasamos de un cuerpo a otro, es el material, el factor nuclear del Universo, es el flujo de partículas que permiten que se hagan cosas, que exista algo y además de eso tiene que tener algún tipo de movimiento y de dirección. Ejemplo: si alguien no para, se mueve mucho... es porque tiene mucha energía. Por eso es muy importante saber generarla y también evitar gastarla en tonterías y no desperdiciarla, tenemos que aprender a gestionarla en todos nuestros cuerpos, CF, CM y CE.

Imagino que te has sentido alguna vez con poca energía mental y estoy segura que entonces tu mente te ha pedido hacer algo que sea poco exigente mentalmente, como ver una película tonta, una serie que no te aporta nada.

El CE es el depósito principal de la energía, los chamanes dicen que tenemos, nacemos con una energía base, que no la podemos aumentar y la única manera que tenemos de mejorar y aumentar esa energía es a través de usar menos el CF y CM para que así esa energía sobrante pase al CE. Debido a que para hacer viajes astrales, recordar sueños, ver el aura de una persona y poder sostener esa visión durante un tiempo, hacer canalizaciones... para todo esto necesito energía .

Esa energía se manifiesta en el CE a través de las emociones y sentimientos.

Tanto los niños como las personas mayores, hombres y muje- res, los que cuentan con más energía femenina tienen más aper- tura a lo espiritual porque su CE conecta rápidamente debido a que se dejan sentir más sus emociones.

Puedes maximizar las emociones y sentimientos extrayendo la energía de otros lugares. Si vibras en Amor, Fe, Confianza, Ale- gría... lo que estás haciendo es rescatando energía de los cuerpos superiores, generando nueva energía, así no solamente cuentas con la energía que traes de tu nacimiento sino que puedes au- mentarla. De ahí el dicho de que la Fe mueve montañas.

La Fe es una confianza que no está amparada por la informa- ción de mi mente, es una conexión con los cuerpos superiores que te llevan a tener una certeza.

Tienes que aprender a jugar con la energía y para eso lo prime- ro que tienes que hacer es fijar tu atención y darte cuenta de que allí donde pones tu atención le sigue tu energía.

Y si pones tu atención en tu CE fijándote en tus emociones y sentimientos, si atiendes mucho a tus sentimientos vas a conectarte con tu CE, por eso es bueno que te provoques sentimientos apacibles. Intenta irte a dormir todas las noches con alegría, con una sonrisa en tu rostro.

Hay veces que la gente me comenta que ha tenido experiencias espirituales o metafísicas sin haberlas buscado, no saben porqué se han producido como algún sueño premonitorio, ver el Aura de las personas.... y eso suele ser porque ha habido un shock emocional, como por ejemplo el fallecimiento de un ser querido y el CE de ese ser que se va se conecta con nuestro CE para despedirse.

También pueden darse porque tu CE tiene una información muy importante para tí que debe entregarte. Estas experiencias se suelen dar de forma accidental.

El objetivo con este libro es que tú aprendas a tener este tipo de experiencias de forma consciente y voluntaria.

Si acentúas la conexión con tus emociones hay más probabilidades de tener estas experiencias, de poder acceder a este CE y de esta forma mejorar tu crecimiento espiritual, desarrollarte mejor psicológica y emocionalmente...

Para conseguirlo lo primero que tienes que hacer es establecer un puente entre tu CM que es el consciente y tu CE que es el inconsciente, para establecer este puente sensorial te animo ahora mismo a que busques cuál de los cinco sentidos te es más fácil evocar, para ello te propongo este ejercicio para que hagas ahora mismo. Estos ejercicios que te voy a proponer son métodos directos e internos, también los hay directos y externos que veremos más adelante.

Vas a cerrar los ojos y vas a empezar evocando:

un olor de algo, por ejemplo algún perfume que te guste, luego un sonido, por ejemplo reproduce el sonido del mar,

43

después imagina la cara de algún ser querido lo más detallada posible,
a continuación siente el tacto de un abrigo que te gusta mucho y por último quiero que te recrees en el sabor de alguna comida que te gusta mucho.

Una vez que hayas terminado con el ejercicio vas a apuntar cuál te ha parecido más fácil realizar, si hay varios, pues varios.

Si has podido todos, mucho mejor. Por ejemplo, imagina que estás en un buffet de comida y vas sintiendo los olores, ves todos los platos, recuerdas su gusto, escuchas cómo la cuchara toca el plato y lo suave que es el plato que has tomado, si está caliente, frío para tus manos... pon todo lujo de detalles. Quédate haciendo este ejercicio todo el tiempo que quieras porque es un ejercicio fabuloso para el CE, se empieza por el CM pero al profundizarlo pasas al siguiente cuerpo, al CE.

Otro ejercicio que puedes hacer es que en la puesta de sol te quedes mirando al sol directamente unos poco segundos e intenta retener en tu mente esa luz intensa, ese círculo dorado y al irte a dormir vas con esa sensación, recuerda esa imagen, esto te va a ayudar a entrar en meditación. También lo puedes hacer con una imagen que te sea fácil recordar, con el tacto como que estás botando un balón de baloncesto, sientes cómo saltas...

También puedes profundizar en cualquier tipo de sensación sensorial y si aún quieres profundizar más puedes añadir una carga emocional, como por ejemplo imaginando que estás en un parque de atracciones, en la playa, en un jacuzzi... algo que para ti evoque una emoción positiva.

Al hacer estos ejercicios puedes poner música relajante de fondo si prefieres o en silencio.

Queremos conectar con una emoción positiva dentro de ti, entendiendo la emoción como algo que me vitaliza. El sentimiento es una emoción que ya está equilibrada, por ejemplo, la risa es una emoción y la alegría es un sentimiento porque es superior a la risa. La emoción es el principio y luego la voy equilibrando a sentimiento.

Aquellas emociones muy fuertes pero no equilibradas como por ejemplo la euforia suben muy potente y luego también bajan muy potente, por eso es mejor no recurrir a estas.

Te invito a que uses tu espacio personal como un laboratorio alquímico.

Tómate ahora un momento, de cinco a diez minutos, o el tiempo que tengas, y realiza estos ejercicios antes de pasar a lo siguiente, puedes anotar aquí:

1.- el o los sentidos con los que mejor he conectado son:

PRIMERA VEZ

SEGUNDA VEZ

TERCERA VEZ

2.- El ejercicio me ha parecido......

PRIMERA VEZ

SEGUNDA VEZ

TERCERA VEZ

3.- Me he sentido realizando este ejercicio.....

PRIMERA VEZ

SEGUNDA VEZ

TERCERA VEZ

Como puedes ver pongo tres veces porque te aconsejo que realices este ejercicio durante tres días consecutivos o no, lo mejor sería que lo hicieras como una rutina mínimo una vez por semana.

Ahora vamos a pasar a las activaciones externas donde se puede usar como puente el CF, a través del yoga, tai-chi, chi-kung...

Lo más básico es empezar por: la vista, oído y tacto.

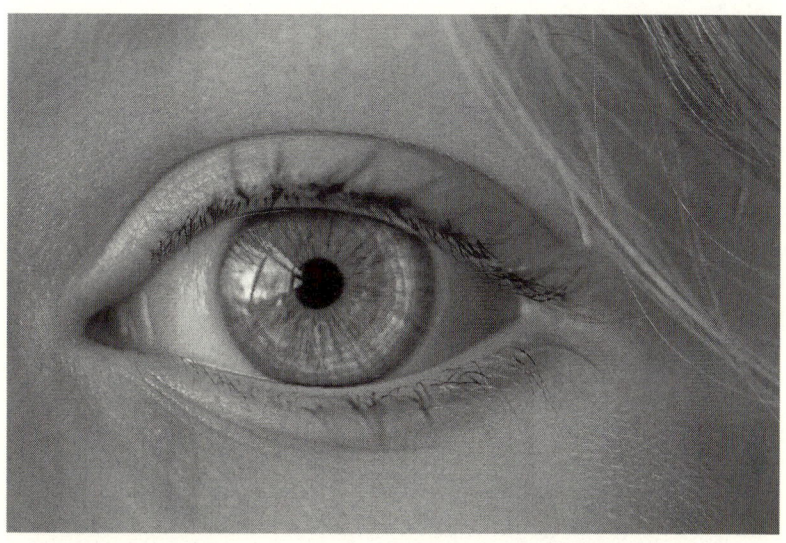

LA VISTA:

Empezaremos con el sentido de la vista, para ello vamos a realizar un ejercicio para aprender a ver el aura.

Pon tu mano delante tuya donde haya un fondo blanco, la pared o incluso si te tumbas puede ser el techo de tu habitación. Deja tu mano quieta y pon tu mirada entre el espacio de los dos dedos que están más separados, es decir, el pulgar y el índice. Concéntrate ahí unos segundos y por el rabillo del ojo vas a ver un contorno sutil que al principio será como blanco. A medida que sigues mirando en el centro y no te centras en ese aura, si no en el espacio entre los dedos, verás que poco a poco se hace más grande, va cogiendo color e incluso puede haber un momento donde hasta gana textura e incluso puede moverse. Esta ya es una forma de conectar con el espacio etérico y eso ya no lo ves con el ojo físico, si no con el ojo del CE o tercer ojo.

También te puede venir muy bien tratar de ver el "aura"de cualquier objeto (en realidad es la contraparte energética del objeto, no es al aura en sí, lo llamaremos aura para hacerlo más fácil de entender). Si lo haces con un objeto de colores chillones como el rojo o el verde muchísimo mejor, si es con un objeto rojo al final verás en el contorno de ese objeto su color opuesto/antagónico que es el verde, con un objeto verde al final verás su aura roja.

De esta manera puedes empezar a ver con el CE a través de la vista.

Realiza este ejercicio con los objetos que desees y vete apuntando aquí

1.- ¿Qué objeto/s he escogido?

PRIMERA VEZ

SEGUNDA VEZ

TERCERA VEZ

2.- ¿Qué he visto/sentido?

PRIMERA VEZ

SEGUNDA VEZ

TERCERA VEZ

Ejercicio:

En la penumbra, en una habitación sin luz, vas a mirar la pared y vas a ir pasando tus manos de un lado a otro, al final podrás ver como puntitos que pueden moverse, eso lo estás viendo con tu ojo energético.

Después de realizar este ejercicio anota:

1.- ¿Qué he sentido?

PRIMERA VEZ

SEGUNDA VEZ

TERCERA VEZ

Si vas realizando estos ejercicios día tras día vas a ir viendo cada vez más.

Vamos al SENTIDO DEL OÍDO:

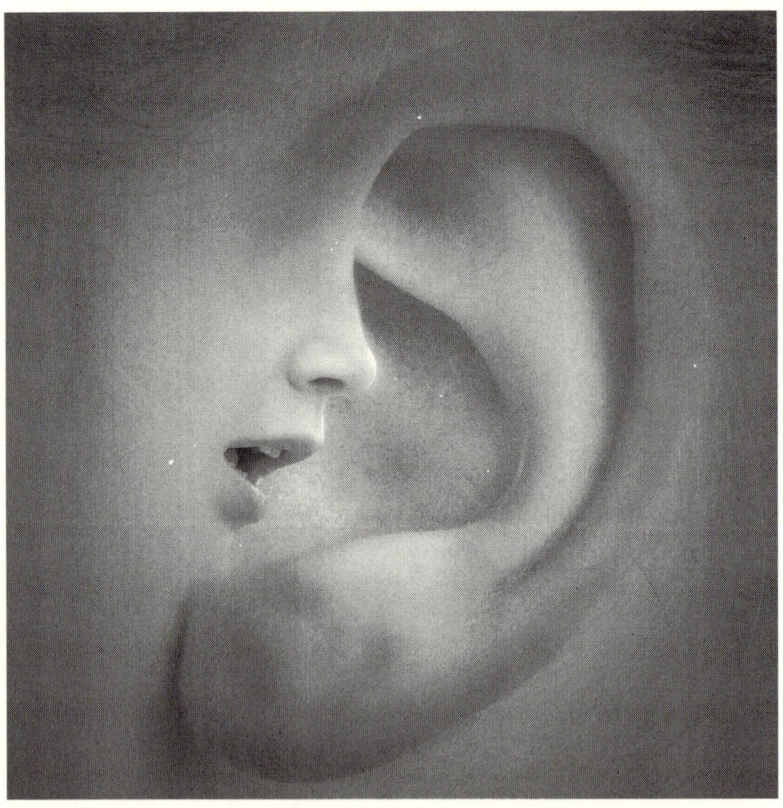

Ejercicio:

Ve a un sitio en silencio y concéntrate como si quisieras escuchar algo inaudible en el silencio, como si hubiera un mensaje oculto. Ve poniendo cada vez más atención hasta que vayas entrando en un mundo más profundo y ahí puede que notes o un pitido o una tenue vibración, ese es el momento en el que estás percibiendo las agitaciones de tu mundo interno, este es el principio de la clariaudiencia, es decir, escuchar voces.

Realiza este ejercicio y anota aquí:

1.- ¿Qué he sentido?

PRIMERA VEZ

SEGUNDA VEZ

TERCERA VEZ

SENTIDO DEL TACTO:

Y si prefieres el sentido del tacto el ejercicio que te propongo este ejercicio:

Toca tu entrecejo con un dedo presionando por unos segundos, aparta el dedo, reproduce esa sensación táctil e imagina que esa sensación sube y después va bajando por todo tu cuerpo, por todos tus chakras. También funciona frotando las manos, el hormigueo que se nota si lo empiezas a notar ya sin frotar las manos, significa que has conectado con tu CE.

Anota:

1.- ¿Qué he sentido, lo he sentido durante mucho tiempo?

PRIMERA VEZ

SEGUNDA VEZ

TERCERA VEZ

¿Cómo te ha ido con estas actividades? ¿Te han parecido fáciles? Lo digo porque según el tipo de persona y la energía que tengas estos ejercicios te pueden parecer un poco más fáciles o no de realizar, como te has dado cuenta todos estos son ejercicios estáticos, lo que conlleva un mayor grado de atención y concentración. También se pueden hacer de forma dinámica, es decir, por ejemplo el ejercicio de mirar entre los dedos de la mano lo puedes hacer moviendo ésta en lugar de dejar la mano fija y en lugar de concentrarte en el aura de la mano puedes concentrarte en la pared y ahí empezarás a ver partículas que se mueven, como chispas.

Para el oído hay otras posibilidades como cantar o tararear una canción y te tienes que esforzar en escuchar muchísimo el sonido que estás emanando.

Concentrate muchísimo en una charla en lo que el hablante dice hasta el punto de llegar al tono vibratorio que está detrás de cada palabra para así saber qué frase sale de la cabeza, cuál del corazón, cuál de los instintos.... y así escuchas desde el CE y así puedes llegar a "ver" las palabras. Puedes educar a tu oído a escuchar tan atentamente para ir mucho más allá de lo que se capta de forma ordinaria.

En cuanto al tacto puedes intentar sentir lo que emana una persona para así adecuarse a conectar con el CE. También puedes pasar tus manos por diferentes partes de tu casa o incluso de tu cuerpo sin necesidad de tocar físicamente y tratar de notar qué experimenta la mano: más o menos presión, más o menos ligereza...

También con el gusto podemos empezar a comer algo y saborear cada bocado con una devoción absoluta y total, como si fuera tu última comida para así conectar con el CE. Lo mismo con los olores. Según seas tú puedes escoger una cosa, otra o ambas.

Tus hábitos adquiridos también pueden dificultar el proceso porque al final puede que estés actuando de una forma en la que no estás cómodo debido a que esos hábitos no son tuyos, te has apropiado de unos hábitos que han sido instalados, por eso tenemos que detectar estas interferencias.

Por ejemplo, tu manera de andar también está condicionada por lo externo y has adquirido cosas que te alejan de tu ritmo natural y crecer a partir de ahí.

No renuncies a tu ritmo personal, desde ahí tienes que crecer. Tienes que conocer tu ritmo y no sobre adaptarte porque al final lo que haces es anular tu propia naturaleza.

Nuestro cuerpo tiene unas inercias, pero podemos adiestrarlo para que responda a nuestro ritmo ideal e ir introduciendo poco a poco otros hábitos que son más saludables para él y lo mismo para nuestra mente.

Si te acostumbras físicamente a estar muy muy muy presente, profundizas mucho cualquiera de tus cinco sentidos, que es lo que hemos estado haciendo en los ejercicios, y de esta forma poco a poco te irás conectando con tu CE y cada vez estarás más intuitivo y más conectado porque estás en ese estado de mayor presencia.

Lo mismo pasa a nivel mental, hay veces que ves a alguien y parece que actuase como un zombie porque lo que hace, lo hace de forma mecánica se pone unos límites muy pequeños que son los que la sociedad le ha construido, los límites que le ha generado el condicionamiento social, esa persona lejos de ser libre, está razonando dentro de una celda minúscula como si estuviera en una prisión.

Al hacer trabajo mental lo que hacemos es ensanchar nuestro campo perceptivo para salir de esa celda e ir más allá y cada vez se va a ir haciendo más grande hasta llegar un dia a estar en un lugar sin ningún tipo de barrera y es ese momento en el cual los monjes budistas, taoístas, místicos... Lo llaman Samadhi o iluminación, que es cuando la mente se ensancha tanto que ya no percibe ningún barrote y en ese estado tampoco hay razonamiento dialéctico porque este implica delimitar las palabras y los conceptos y al delimitarlas ya estoy creando pequeñas prisiones.

Allí no hay palabras, es el lenguaje del último de los niveles, antes de llegar a ese nivel hay que ir entrando en niveles más sutiles y para eso hay que profundizar intencionadamente en cualquier experiencia, primero en la experiencia sensible, a través del cuerpo intento estar muy presente de todo lo que pasa en mi cuerpo, cada uno de los sentidos que tengo le presto la máxima atención y lo mismo con la esfera mental. Imagina que quieres grabar un video y que sea lo más corto posible con una gran información, si es así es perfecto pero si

54

empiezas a hablar de más, tienes que repetir tomas... entonces ya se están generando interferencias, molestias y normalmente casi siempre tienen la misma fórmula estructural que se puede resumir como una tendencia a moverse por una línea de tiempo, es decir que tu mente va hacia atrás o hacia delante, o sea, o se dedica a examinar eventos pasados o se focaliza en eventos futuros. Esto es lo que nuestra mente tiende a hacer en todos nosotros, rumiar o analizar cosas que no son ahora mismo pertinentes.

Tenemos que adiestrar a nuestra mente para profundizar muchísimo lo que está diciendo, haciendo, pensando. Cuando quieras entrar en el futuro lo tienes que hacer devotamente, analizar, sopesar con una gran concentración en eso para que todos mis recursos mentales estén allí. Y lo mismo, si quiero ir al pasado, por ejemplo haciendo una regresión tengo que ir con toda la fuerza, con toda la carga intencional, te lo tienes que tomar con la máxima devoción, como si fuera un evento sagrado, y cuando le añado esa sacralidad al momento lo que consigo es transportar y añadir la energía de mi CE, ahí mis sentidos energéticos está completamente absortos en esa forma de meditación, ahí la energía se moviliza a ese CE.

La clave es adiestrar la atención, y para eso muchas veces tienes que vencer las inercias, las interferencias que hay. Algunas de estas interferencias son provocadas por entidades exógenas, parásitos... Más adelante trataremos, en otra parte del libro, cómo hacer frente de forma inteligente a estos parásitos, disolver y hacer que desaparezcan todas esas voces.

Así que recuerda prestar plena atención y devoción a aquel contenido que emana de tus sentidos y a lo que sucede en tu mente. Ignora las interferencias y haz que no te incomoden, sobreponte a ellas, trata de acomodarte a tu mejor ritmo para que las interferencias sean cada vez menores y así empezarás a conectar de una manera más consciente y controlada con ese CE.

Ejercicio

1.- Apunta todo lo que has sentido, visto, oído.... al hacer todos los ejercicios propuestos en este capítulo antes de pasar al siguiente.

10.- EL EGO Y LAS ENTIDADES

Cuando alguien nos pregunta ¿quién eres? o tú mismo te haces esa pregunta: ¿quién soy realmente? puedes responder desde cada uno de estos cuerpos CF, CM y CE.

Si entras en el CF miras tu cuerpo y ves lo que eres, si vamos al CM tratamos de acudir a nuestra personalidad, carta natal... pero al final lo que nos define es el Ego.

Hay muchas definiciones para el Ego, positivas, no tan positivas, así que la definición que yo voy a utilizar aquí es tu identidad social, tu mente, tu personalidad, es el vehículo a partir del cual te relacionas con los demás. Todo aquello que acumulas en forma de experiencias, recuerdos, aprendizajes, amistades, vínculos... es lo que te sirve para construir el Ego, es la suma de propensiones caracteriales, adaptaciones, condicionamientos, experiencias, historia, bagaje de alma... todo esto constituye el Ego.

Es como una entidad intermediaria entre lo que pasa fuera y lo que pasa dentro. Sólo tiene sentido dentro del CF, es como un personaje que tiene características reales o inherentes y otras adquiridas y que por lo tanto son cambiantes. El Ego es el conjunto de todo ello, tanto lo inherente, que puede evolucionar, como lo adquirido, que puede cambiar.

Si tienes una identidad en el CF también tienes una identidad en tu CM y en el CE. La del CE se puede explorar a través de los sueños, Cuando sueñas te das cuenta de que tu personalidad no es idéntica a la que tienes cuando estás en vigilia, despierto.

Este CE tiene que ver con la profundización del CM, es decir que cuando profundizas en tu CM te encuentras con tu CE que es un depósito en el cual hay muchas cosas.

El CF es una identidad más pasajera, el CM es un poco más sólido y más parecido a lo que realmente eres, te define mejor tu personalidad y carácter que viene a ser tu CM que tu CF, esto se ve muy bien en personas que tienen ochenta años pero no se identifican con ese cuerpo, se sienten mucho más jóvenes.

Tu CE se parece más a tu verdadera esencia que lo que es tu personalidad circunstancial y tu CM. A más profundidad llegas, más real eres, más tú eres. Por eso el Ego es una pequeña capa del ser, es una capa de la identidad que puede ser muy moldeable por las circunstancias.

Por lo que te invito a que conozcas esa capa de ti que es más real, para que sepas cómo eres en el otro lado. Cuando se dice que alguien está siguiendo su propósito de vida, que hace algo desde el alma, significa que esa persona ha conectado con el CE y está resonando desde un lugar más profundo que la propia mente que además puede ser fácilmente falseable, mientras que lo que se hace de corazón no está sujeto a ese falseamiento.

No nos interesa identificarnos totalmente ni con el CF ni con el Ego, nos interesa identificarnos con el CE, nos interesa conocerlo y para ello hemos visto esos ejercicios que has hecho anteriormente.

Primero necesitas desidentificarte del Ego, trascenderlo, darte cuenta que hay algo que está por encima de él, que no es él.

La personalidad que tienes en este plano está condicionada por las relaciones que tienes con los demás, no te relacionas igual con alguien con quien tienes confianza como con alguien con quien no la tienes.

Esas diferencias hacen que a medida que conoces más a una persona y tienes más confianza estás más en contacto con tu CE, a medida en que estás en una actividad donde te encuentras más cómodo, más tú mismo y más afín estás más en contacto con el CE, de ahí la importancia del: Conócete a ti mismo.

Sin embargo, si tienes que hacer algo que no te gusta, no te apasiona, no eres tú mismo tendrías que hacer grandes esfuerzos y sería más difícil que pudieses conectar con tu CE, de ahí la cantidad de gente trabajadora "desalmada" y no lo digo porque no tengan alma, que la tienen, si no porque para esa actividad su CE no está participando prácticamente en nada.

Es mucho más fácil que conectes con el CE cuando el Ego se aparta, cuando no está, o está totalmente al servicio de la situación, o sea, tu personalidad y tu ser están alineados. Están alineados cuando tu CM está al servicio de los contenidos que a tu alma le gustan y entonces te sientes muy contento y muy feliz de hacer cosas que realmente te gusta hacer. Eso significa que los dos cuerpos se están alineando, el CM y el CE.

Por eso la importancia de que el máximo tiempo del día puedas ser tú mismo porque así más energía le meto, más energía hay dentro de mi CM y CF y por lo tanto voy a tener más vitalidad. Cuando alguien está muy desvitalizado es porque no está conectando con ese CE porque el rol social está tan alejado de lo que tú eres en esencia que el personaje "te ha comido".

Para conseguir tener efectividad en las técnicas que hemos hecho y en las que iremos haciendo a lo largo del libro, es mejor que apartes el personaje y la mejor manera de apartarlo es hacer que trabaje para ti, de esa forma no hay lucha, no hay distorsión, es un canal fluido donde la energía te acompaña.

De aquí la importancia de los atributos como son la alegría, la felicidad, el humor que te anclan en el presente y pones el CE en primer plano y en ese momento pasan cosas mágicas que pueden florecer cuando el terreno es fértil y es así cuando el CF coopera con el CM y el CM coopera con el CE, cuando todos están alineados, palabra, obra y emoción, entonces suceden cosas maravillosas. Este es el estado que tienes que ir generando todo el rato, más importante que las técnicas es que puedas crear este clima, esta manera de estar en el mundo.

Estar alineado, estar presente. La persona que está en plan suicida esa persona está conectada, está mal conectada pero lo está. Por eso es importante que aprendas a conectarte desde la luz, y para eso tienes que decirle al Ego que, o se aparta o coopera, pero que no moleste.

Vamos a seguir con esto e ir adentrándonos en un paso más.

Hemos visto que existen muchas formas de conectar con el CE:

1.-Tratar de que todos los cuerpos estén sincronizados y vibrando en armonía, atención plena, estar en una actividad donde estás fluyendo.

2.-Ser capaz de desactivar dos cuerpos para que de forma natural se distribuya la energía al cuerpo restante, es decir, desactivas el CF y el CM y así tienes toda tu energía en el CE.

3.-Machacando los otros dos cuerpos, si machacas el CF y el CM entonces pasas al CE. Es lo que pasa en una situación de shock, trauma, o también con las drogas, porque consigues alterar el CF y el CM que quedan absortos y atontados, pasando así la energía al CE. Con repetición de mantras...

Queremos acceder desde nuestra mente al CE y para eso usaremos la imaginación.

Vamos a realizar un ejercicio de visualización creativa haciendo una auto exploración o canalización guiada.

Te recuerdo que el hemisferio derecho del cerebro es el intuitivo (paciente) y el hemisferio izquierdo es el racional (terapeuta), por lo que vamos a hacer una exploración al hemisferio intuitivo (derecho) como si fuera una autohipnosis.

Ve entrando en tu espacio interno y te vas a ir preguntando constantemente: ¿qué estoy viendo? ¿qué estoy sintiendo? ¿qué estoy escuchando? ¿qué me apetece hacer en esta situación? y poco a poco vas a ir entrando en capas cada vez más profundas de tu psiquismo.

Vas a explorar ahora mediante este ejercicio qué hay en tu CE ahora mismo que tengas que atender.

Ejercicio de meditación guiada:

Vas a leer primero todo el texto para que sepas qué hacer en cada momento, otra idea también es que grabes estas preguntas para ir escuchando o también lo puedes hacer directamente, como tú prefieras y conectes de la mejor forma.

Para que vayas entrando en situación vas a hacer unas respiraciones relajadas y profundas inhalando y exhalando por la nariz, llevando el aire hasta tu estómago y siendo consciente de ello, repite las veces que creas necesario hasta que te encuentres lo suficientemente relajado. Ahora vas a hacer una exploración profunda. Cierra los ojos y ahora imagínate a ti mismo como una silueta de cómo eres pero de forma energética, y te imaginas que el terapueta te pregunta:

¿De qué color ves esa forma energética?

¿Puedes hacer que esa silueta baile, se mueva, haga algún gesto que le apetezca hacer, qué haría? ¿Qué sientes mientras vas describiendo esto?

Si te quedas en un momento donde ya no te mueves ¿es por algo? ¿topa con algo? ¿qué le para?

¿Puedes tocar eso que estás viendo? ¿qué notas? ¿cómo te estás sintiendo? ¿qué te apetece seguir haciendo?

¿Puedes poner el zoom visualmente y tratar de captar alguna zona que te llame la atención?

¿Puedes ponerte dentro de alguna de las cosas que estás viendo? ¿qué ves? ¿qué te dice? ¿qué sientes?

Si ves figuras, ¿puedes preguntarles quiénes son? ¿para qué están aquí?

Si en algún lugar entras en un bucle pregúntate o pregunta a esas figuras qué significa eso.

Sigue moviéndote por donde te vaya apeteciendo y si en algún momento ves a alguien puedes preguntar ¿ porqué te encuentras ahí? ¿qué tienes que aprender?

Si te encuentras atascado en algún momento describe cómo te sientes por eso. Para salir de ahí, imagina que eres un superhéroe y así puedes salir de esa situación. Pregúntate qué significa esta experiencia.

Sigue explorando y pregunta todo, los objetos que aparecen, qué significan, lo que sientes en cada momento, los personajes que ves...

Esta autoexploración puede durar desde sólo diez minutos a más de una hora, no tengas prisa, hazlo en un momento del día donde tengas tiempo y nadie te vaya a molestar. Explora todo lo que te va pasando, muchas veces es como si estás viendo una película, lo importante de este ejercicio es que saques conclusiones, preguntes lo que tengas que preguntar a quien esté por ahí y que te dejes sentir.

Vuelve cuando creas que ya está todo, qué has aprendido lo que tenías que aprender.

Cuando abras los ojos escribe aquí, o en una hoja aparte, todo aquello que ha sido revelador para tí en esta experiencia.

También puedes grabarlo si lo vas a ir narrando para tener todo tipo de detalles.

En ese ejercicio has establecido un puente entre la mente consciente y la inconsciente, has atravesado la frontera que separa la mente del cuerpo energético. Esta es una técnica muy básica y muy sencilla, puedes empezar por el movimiento como te he comentado o también puedes usar la técnica del registro akáshico, es decir, que te imagines en una biblioteca y ahí quizás veas un libro con tu nombre, lo abres y lees lo que pone, o las fotos que tiene, si no puedes ni leer ni ver fotos imagina que lo tocas, que te metes dentro del libro... déjate llevar por tu imaginación sin juzgar.

No es recomendable que te detengas demasiado en el significado de cada escenario, de cada símbolo que aparece... lo mejor es que fluya, que no te atasques.

Con esta experiencia puedes entender muchas de las posibilidades que tiene la exploración del CE. Cuando entras ahí te darás cuenta que una manera natural de ir profundizando y cambiar de un plano a otro se suele representar simbólicamente atravesando puertas, bajando o subiendo ascensores, escaleras, atravesando límites...

A veces se presentan entidades con las que es bueno comunicarse y hacerles preguntas. Puedes así de esta forma buscar traumas, vidas anteriores... Hay veces que para llegar a una información clave tienes que atravesar muchas barreras, muchos escenarios, por lo que no te recomiendo que te quedes demasiado tiempo en un sitio, intenta fluir lo máximo.

Por si esto te aparece en algún ejercicio quiero explicarte que, normalmente, el pasado o algo profundo de nuestra psique, se representa en una línea hacia atrás o una escalera/ascensor que baja. El futuro o el crecimiento espiritual se representa como una línea hacia delante o una escalera/ascensor que sube.

Este ejercicio suele dar siempre un mensaje clave que es muy importante para tí en este momento ya sea tanto para tu desarrollo espiritual, para tu crecimiento, como para una mayor comprensión de lo que es la vida.

Puede que en el ejercicio anterior te hayan aparecido bucles mentales que son repeticiones, ciclos que se repiten independientemente de lo que queramos, se siguen repitiendo.

Por ejemplo, cuando realizas un esfuerzo físico muy intenso alteras el ritmo cardiaco porque toda la energía se condensa en esa actividad por lo que tienes que tanto el corazón como pulmones tienen que hacer un sobreesfuerzo para poder enviar más sangre y así realizar ese esfuerzo, necesitar enviar más energía a los lugares que tienen que realizar el trabajo. En ese momento este es el tema importante, lo demás no es importante.

Mentalmente un bucle es el mismo ritmo o ciclo mental que tú tienes y lo amplificas para concentrarte en algo pero de forma obsesionada, interrumpe todo el tiempo sin que tú lo hayas escogido y sin que puedas evitarlo. Es importante detectar cuál es ese tema y porqué es tan importante y tan urgente.

Entonces, cuando tengas una obsesión mental, un bucle, para quitarlo debes entrar en meditación, cierra los ojos, visualizate y hazte estas preguntas:

¿Por qué esto es tan urgente?

¿Tienes miedo de algo?

¿Para qué te estás preparando?

¿Para qué estás dedicando tanta energía y tanto tiempo a esta cuestión?

¿Por qué no puedes dejarlo para más adelante?

Y vete examinando lentamente esas respuestas, ahí pueden surgir escenarios futuros o cosas pasadas. Los escenarios futuros sirven para justificar porque le dedico tanto tiempo a ese pensamiento, pregunta ¿ por qué no puedo resolver esto más adelante? ¿ qué pasaría si no lo resuelvo ahora y lo hago más tarde? ahí aparecerán escenarios proyectivos, hipotéticos y ahí hay que analizar qué pasa en esos escenarios.

Por ejemplo: estás preocupado por un examen que tienes mañana y no puedes dormir y al hacer este ejercicio te das cuenta de que no puedes dejar de pensar en ello porque en el escenario proyectivo si no me sale bien el examen voy a sentir un fracaso personal, que voy a tener que repetir y sentirme humillado por mis compañeros con los que estoy compitiendo de forma interna.

Estos escenarios proyectivos te tienen que llevar a escenarios explicativos del pasado y para eso tienes que preguntarte:

¿Cuál es la causa de esta emoción negativa que siento?

Esto puede llevarte a una situación del pasado, de tu niño interno, donde te sentías humillado, rechazado por no saber algo.

Así que ahora vuelves ahí y hablas con ese niño interno y le tranquilizas diciendo que si no lo sabe no pasa nada, que nadie le está juzgando, da a ese yo del pasado ánimo y apaciguamiento.

Al entender la estructura del bucle mental te das cuenta de que hay una herida pasada que alimenta ese miedo a repetir una emoción negativa que tuviste en el pasado y tu mente hace una extrapolación analógica, esto que preveo en el futuro se va a parecer a aquello que me pasó en el pasado. Por eso hay que volver al niño, limpiar lo que hay allí y de esa manera se deshace el bucle mental.

El residuo emocional es el combustible que te permite ir rápidamente a ese momento, al conectarte con el malestar y gracias a la emoción, has podido volver a ese momento del pasado. Para moverte por la psique necesitas energía y esa energía es la emoción= movimiento. Cuando tienes una emoción te puedes mover por dentro de ti e ir a la parte mental que está involucrada, la parte que tu niño interior no supo procesar en su momento, por eso no lo pudo reparar y debido a esto lo va repitiendo y arrastrando en el tiempo.

Todos los bucles mentales tienen la misma estructura:

proyección futura- herida pasada- habla con tu niño interior y dile cosas positivas, bonitas.

Cuando sientas esas palabras bonitas en tu corazón la emoción de miedo del pasado desaparece y con ello la estructura mental, por eso una vez que has hecho este ejercicio es más fácil que esos pensamientos repetitivos y recurrentes desaparezcan para siempre.

Con los ejercicios que has ido realizando puedes darte cuenta de la entidad o entidades que hay en tus mundos sutiles.

En tu CF tienes la identidad que asocias a tu peso, medida, color ojos, masa muscular....

66

En tu CM es un conjunto de agregados porque son muchas identidades, puedes tener la identidad de madre, padre, profesor, alumno...según el momento del día que estés, tu carácter y personalidad también han sido moldeados con el tiempo.

En tu CE también puedes adoptar más de una forma, más de un rol. Cuando te buscas en el mundo energético puedes hacer diferentes preguntas, ¿cómo soy yo en el último nivel espiritual? ¿ con qué figura geométrica me identifico?

¿ Cuál es mi configuración original, mi mónada, mi estructura base? y también otras intermedias como por ejemplo saber cuál es tu animal de poder energético que es aquel animal protector con el que se identifica tu alma, animal de poder biológico que es aquel con el que nuestra biología es más afín como por ejemplo con las apetencias alimentarias. Por ejemplo, si tu animal de poder biológico es un león lo que más te gustará es la dieta carnívora.

A través de una visualización, un ejercicio que haremos luego, puedes saber que tipo de animal de poder eres a nivel biológico y también energético.

No entres en esta meditación con prejuicios y tampoco te conformes con el primero que veas, tienes que interactuar y progresar en esa historia para saber si ese es tu animal o estás en una pasarela de transición.

Puedes, además de eso, ver cómo es tu figura guerrera, tu aspecto como hechicero, como maestro, como chamán, como tu yo sanador...

Ejercicio de meditación, canalización:

Lee primero todo antes de comenzar. Una vez que lo hayas leído y lo tengas claro lo que tienes que hacer es ponerte cómodamente en un sitio sin ruido y sin interrupciones, respirar profundamente las veces que creas necesario para estar relajado y cierras tus ojos.

1.-Vas a buscar tu animal de poder biológico, cuál se asemeja más a tu biología. Al cerrar los ojos te preguntas internamente ¿cuál es el animal que biológicamente se parece más a mi? y dejas que te llegue la primera imagen. El animal que te aparece puede que no sea tu animal de poder por lo que quiero que examines lo que siente ese animal en el espacio donde se encuentra, cuando sale y come ¿cómo te sientes?, ¿cómo se mueve? ¿es depredador? ¿adaptativo? ¿ágil? el ambiente donde se mueve ¿te gusta, cómo te sientes en su entorno y con lo que hace? Imagínatelo en su dia a dia, lo que hace y si te sientes bien con todo ello entonces sí que puede ser tu animal de poder biológico. Si es así ya lo has conseguido así que abre tus ojos y apunta aquí mismo cuál es, en este momento de tu vida, tu animal de poder biológico.

2.- Animal de poder energético. Vuelve a hacer lo mismo que para el ejercicio anterior, encuentra un sitio silencioso, cierra tus ojos y hazte la pregunta interiormente de ¿cuál es mi animal o criatura mitológica de poder energético? Y con la primera imagen que te aparezca vuelves a hacer lo mismo que en el ejercicio anterior, ¿cómo te sientes? ¿te gusta lo que hace esa figura? para poder descartarlo o no. Escribe aquí el animal de poder energético que ha salido.

3.- Ahora realiza el mismo ejercicio pero ahora pregunta ¿cómo soy yo como sanador? y ahí te aparecerá una figura. Recréate ahí, mira cómo está sanando y ¿qué hace en su trabajo? describe todo aquello que ves. Ahora apunta aquí la imagen que has obtenido y cómo haces tu trabajo de sanación, en qué consiste.

4.- Vas a hacer lo mismo que anteriormente y esta vez te vas a hacer la pregunta de ¿cómo soy yo como guerrero? Ahí te aparecerá una imagen y mira qué hace, cómo se mueve, cómo lucha. Cuando lo tengas ya todo claro abre los ojos y apunta aquí qué tipo de guerrero eres y cómo te vas defendiendo.

5.- Por último vas a hacer lo mismo que anteriormente y esta vez te vas a hacer la pregunta de ¿cómo es la naturaleza de mi Yo Superior, mi geometría de esencia? ¿Qué luz y qué forma tiene? ¿Qué forma tendría tu Yo Maestro? Puede que este último ejercicio te cueste un poco más. Y quizás te vuelva a salir otra vez la figura de tu sanador. Esto es tu doble cuántico, la mejor versión de ti en los reinos sutiles. Cuando hayas terminado abre los ojos y apunta aquí todo lo que has visto.

11. SANANDO MOLESTIAS FÍSICAS

La Salud es un estado natural, óptimo en el que todo está en equilibrio. Lo que ocurre es que a largo de la vida nuestro CF y/o CM se desequilibran voluntariamente debido a nuestra actividad.

Para crear adaptaciones tenemos que producir desequilibrios de forma ordenada y controlada, por ejemplo al hacer un ejercicio físico después de descansar el cuerpo genera una adaptación que le permite la siguiente vez soportar mejor el esfuerzo pero necesito dejarle tiempo para recuperar y pueda compensar el desequilibrio generado.

Una persona está enferma cuando ha acumulado demasiado desgaste y la enfermedad es el mecanismo que tiene el cuerpo para pararnos y dejar espacio para que se produzca una compensación.

A veces el desequilibrio se puede dar porque tu manera de ser no encaja bien en un hábitat, es decir por ejemplo si estás en un entorno muy caluroso y tu cuerpo reacciona para compensarse o en un espacio donde no te sientes bien...

Por eso en este apartado vamos a hacer hincapié en ejercicios para compensar esos desequilibrios. A través de la alimentación o de los medicamentos naturales o no, se compensa ese desequilibrio. A través energético podemos hacer lo mismo.

Hay que comprender muy bien cuál es la molestia y desde ahí hacer un proceso de Alquimia, que es la bioquímica del Alma, hacer una transmutación. A nivel emocional se puede convertir la ira en motivación como cuando dices: "me he picado" y es una manera de decir que acepto un reto. Eso es una forma de alquimia porque transmuto una emoción como la ira que te hace daño en una acción positiva, es decir de "mierda" consigo abono.

La sanación a nivel energético es una forma de alquimia, convertir lo malo en bueno y además de eso añadir más cosas buenas. Retiramos cosas malas, otras las transformamos y luego, a parte de añadir otras buenas, amplificamos las buenas que ya tenemos.

Ejemplo en meditación guiada:

Voy a darte unos ejemplos de sanaciones para diversas dolencias, lo que quiero es que comprendas cómo hay que actuar, qué tienes que hacer para que así lo puedas implementar en aquello que tú necesites, si necesitas algo en estos momentos.

Lee primero bien todas las sanaciones para que veas cómo funciona y si quieres y necesitas pon en práctica la que ahora creas conveniente.

Como en todos los ejercicios anteriores necesitas un tiempo y espacio para realizarlo, respira profundo, cierra los ojos

1.- Sanción de un resfriado: imagina que estás resfriado con la nariz taponada y moqueando todo el tiempo, tienes fatiga general y dolor de cabeza.

Ahora vas a entrar en meditación y vas a cerrar tus ojos (antes de eso lee todo por completo para que sepas qué hacer).

Pide a tu CF y CE que te guíe, que te diga el movimiento más apropiado que necesitas hacer para sanarte. Desde el CF imagina que te dice que vayas a tus manos, pide a tus manos que te guíen para que alivien la congestión que tienes, ahí te van a decir que hagas ciertos movimientos, poner las manos en ciertos sitios, imaginar una luz de un color especial. Pregunta al cuerpo todo el rato hacia dónde moverse, qué movimientos son beneficiosos para ti, para sanarte.

Ahora a tu CE le preguntas qué tipo de luz usar, cómo y dónde la tienes que llevar, que mover para tu sanación.

Da una orden mental para que todos tus cuerpos se sincronicen y que el CF, CM y CE se alineen para que los tres hagan lo mismo. Así el proceso bioquímico de sanación del CF se acompaña con un proceso bioquímico mental y con un proceso bioquímico energético. Quiero que tus tres cuerpos estén haciendo lo mismo. De esta forma se consigue la sanación. También puedes preguntar a tus guías cuál es la mejor consigna que puedes decirte.

Procura dejar de repetir palabras como "quiero sanar" debido a que entonces estás pidiendo sanación y significa que quedan cosas por sanar. Repite siempre el resultado al que quieres llegar, evoca ese estado: "mi respiración es perfecta, es fluida".

Pregunta a tu guía qué son energéticamente los mocos y que te lo muestre, para qué sirven, cuál es su forma mental.

A nivel emocional significa que tienes que expulsar algo que te ha hecho daño, normalmente surgen en el frío, tu cuerpo se ha enfriado y ahora tiene que crear calor en algún lugar. Con los mocos expulsas emociones frías como por ejemplo tristeza, abandono, frustración. El cuerpo te está pidiendo sacar los malos rollos e incrementar emociones cálidas como la alegría, risa... que son emociones cálidas, de fuego. Así que puedes imaginar ese fuego, esa alegría que está calentando estas otras emociones frías que tenías en tu interior, así vas expulsando y acompañando este proceso alquímico de eliminación de esas partículas de frío tóxico.

Ahora vamos a ver qué puedes transmutar, cuál es la parte buena de ese frío. Al ir deshaciéndose esas partículas de frío tóxico se obtiene una masa negra que se va al mar y ahí se deshace.

Las emociones frías se deshacen con la compasión, el amor universal, el descanso.

Le puedes agregar la emoción cálida para deshacerla o también tienes la opción de transmutar, visualizarte en el mar, unido a todo, en una conciencia de unidad y perdonarte cualquier cosa, perdónate a ti mismo.

El pulmón está asociado a la tristeza. El mar lo limpia y lo cura todo, te puedes visualizar bebiendo agua de mar y vas viendo cómo ese agua pasa por tu cuerpo, deshace los mocos y ya respiras perfectamente.

Puedes hacer esto con cualquier tipo de molestia que tengas. El objetivo es que trates de ver qué hay detrás, cómo puedes acompañar ese proceso biológico que se produce dentro de tí con una frase mental y con un proceso de visualización que acompaña a lo que estás haciendo, así como los movimientos con las manos que te pueden ayudar a completar ese proceso de sanación.

2.- Revitalización:

Imagina que estás muy cansado y no sabes por qué, bostezas todo el tiempo, tu cuerpo está abúlico, no puedes con tu alma.... Ahora entras en meditación y cierras tus ojos.

Pregunta a tu CE cuál es la solución, qué puedes hacer cuando te falta energía. Ahí te dará pistas, ¿qué visualizas? Imagina que visualizas cómo la Kundalini (energía) sube por tu cuerpo con fuerza desde el primer chakra (situado en la zona anal)hasta el chakra corona (en la cabeza) para así ayudarte a activar tu CF.

Quizás visualices una energía pendular en la zona del ombligo desde delante hacia atrás y así activas el chakra del plexo solar (situado en la zona del ombligo) que tiene que ver mucho con la energía del cuerpo.

Si la fatiga es mental puedes preguntar qué puedes hacer para ello, cuerpo, ¿qué hago para activar la mente? y te dará algún ejercicio, movimiento que quiere que hagas.

¿Qué palabras puedes usar para activarte a nivel mental? Quizás tu cuerpo te diga: poder, energía ... .Una vez vuelvas a la consciencia repites esas palabras en voz alta y eso te activará.

La fatiga mental se produce cuando la energía se estanca en algún lugar.

También lo puedes usar para preguntar qué necesitas para tener más lucidez mental, para tu clarividencia...

3.- Calmar el dolor:

Hay dos tipos de dolores con causa simple (golpe) o causa compleja (si no sé exactamente de por qué tengo ese dolor).

Vamos a convertir el dolor en algo positivo usando la Alquimia. Empezaremos por el dolor de causa compleja.

Vas a imaginar que tienes una migraña. Entra en meditación.

Pide al cuerpo que te muestre la causa de ese dolor. Imagina que te muestra un zumo de manzana el cual es ácido y dulce, eso es como si nos está diciendo algo que tenemos que ingerir que tenga una proporción de ácido y de dulce.

También es color verde que es el color de chakra corazón. Te está diciendo que el cuerpo necesita un color verde. Así que puedes imaginar una luz verde entrando en tu cuerpo. Lleva energía verde para que todo se armonice.

¿Qué es el dolor? son dos energías que chocan y siguen chocando. Cuando están en armonía esas energías se superponen, pasan paralelas sin chocar.

Mira a ver dónde está el choque, puede que haya un choque a nivel mental, una contradicción en tu discurso.... por ejemplo: me gusta mi trabajo pero no me gusta. Así que tengo que desglosar mejor eso, hacer una definición más precisa para que no haya contradicción que es lo que causa ese choque energético dando como resultado el dolor.

Para deshacer el dolor tienes que deshacer la colisión, evitar colisionar más. Busca la contradicción, visualiza eso y luego lo deshaces visualizando líneas que pasan y no chocan, van todas en armonía.

Puedes preguntar ¿algún elemento transmutador? ¿cómo lo puedo alquimizar? y seguro tienes alguna visualización. Se crea una chispa debido a esa colisión, es decir el dolor puede ser motivador porque crea algo, por ejemplo: la justicia sería motivada por un dolor.

Cuando hay mucho dolor, dolor extremo pregunta a tu maestro, Yo Superior ¿qué hago entonces? Puede que te diga que desvíes la atención a otro lugar, disociando. Imagínate haciendo otra actividad mecánica que requiera mucha atención en tu imaginación y así se irá apaciguando por llevar la atención a otro lugar.

¿Qué puedo hacer con las manos para apaciguar ese dolor? ¿Qué frase, mantra es bueno para deshacer el dolor? Si te quedas atascado pide a tu cuerpo que te lo explique de otra manera.

4.- Relajación:

Imagina que tienes nerviosismo, un ataque de ansiedad, estás agitado, alterado... Entra en meditación, indagación.

Primero busca la definición del problema, ¿qué significa cuerpo sobreestimulado? Es una saturación de la esfera Yin, la acción, y tu sistema no da a basto, tienes el sistema yin saturado y tu cuerpo responde. Tu cuerpo está hiper reaccionando pq ha sido múltiplemente estimulado.

¿A qué estoy reaccionando? puede ser:

Algo pertinente, objetivo, como una discoteca, mucho ruido... que te hace reaccionar a ello.

Algo impertinente, subjetivo, como un ataque de pánico o ansiedad que ahí reaccione a un agregado de situaciones pasadas que se me han ido acumulando. En esta situación hay que ir al ejercicio del bucle mental y volver a tu pasado, a la vez que te abandonaron, que te pegaron, que te castigaron por no hacer bien algo.... Tienes que desgranar qué te estás jugando. Tu sistema está reaccionando a muchos estímulos acumulados y primero tienes que vencer esos estímulos, si no tu respuesta fisiológica será desproporcionada.

Para relajarte es muy importante lo que te dices, la sobreestimulación es todo aquello que viene sin luz, palabras sin luz es el diálogo interno que tienes mecánico, inconsciente, lo aprendido, lo dicho desde la cabeza. Las palabras con luz son aquellas que te dices con total sentido, lo dicho desde el corazón.

Cuando pongo corazón a las palabras los nervios se van, desaparecen, no pueden estar presentes porque el corazón es la expresión del CE en el CM. Las palabras con corazón deshacen los mensajes basura.

Todos los pensamientos dispersos que tengo tengo que llevarlos a actuación. ¿Qué puedo hacer en cada posibilidad? unifica tu energía y de esa forma los nervios se van.

Si algo es pertinente, por ejemplo que vengo de un sitio ruidoso, lo primero sería hacer alguna actividad yang para compensar el exceso de yin, como por ejemplo apretar todos los músculos a lo bestia así te exige una concentración enorme, hacer spinning, subir montaña con una bicicleta... haz una visualización deportiva y así compensas la sobreexcitación yin y empezarás a relajarte. Luego ya puedes hacer respiraciones profundas, visualizaciones donde cada vez entras en capas más profundas: entras en un edificio, de ahí vas a una sala, ahí a otra sala más pequeña y así sucesivamente donde en el otro último escenario estás en un paraíso aislado de todo lo externo totalmente relajado. Y todos los problemas han quedado fuera del edificio.

Para dormir bien puedes hacer este tipo de ejercicio de visualización:

Imagina que en tu CF tienes diferentes envolturas y te vas arrancando capas que representan las protecciones que nos ponemos dia a dia y al quitarlas puedes conectar con tu cuerpo lunar que es tu cuerpo infantil, que es la parte que se relaja. Tus manos pueden acompañar ese movimiento de ir quitando las capas.

Puedes preguntar qué otras cosas pueden hacer tus manos para relajarte, quizás te diga que aprietes en algún lugar concreto del cuerpo.

Y luego ya pregunta el mantra que te puedes decir para calmarte.

VISUALIZACIÓN

Hay personas que tienen más facilidad para visualizar que otras por lo que vamos a hacer algunos ejercicios para que puedas mejorar esta herramienta tan útil.

Visualización creativa: lo usan mucho los decoradores, los arquitectos...

Al igual que hay ojos físicos los hay mentales y en una visualización creativa le estamos dotando de energía a esa visión, actuando sobre la realidad.

Al imaginar el futuro poniendo mucha carga emocional e intencional consigues que lo que visualizas, al suceder, si se da, se desenvuelve con mucha más fluidez que cuando no lo has visualizado previamente.

Puedes visualizar de forma recreativa, creativa o investigativa. Visualizate en distintos escenarios e indaga cómo te sientes en esos escenarios. Te dará mucha información de aquellas cosas que están en alineación contigo y las que no lo están.

Al hacer visualizaciones estoy pasando energía a mi cuerpo astral y por eso puede que al irte a dormir tengas sueños lúcidos o viajes astrales.

Ejercicio:

Visualízate en el escenario que quieras, tu oficina, la casa donde vivías con tus padres...ahí recrea el sonido que hay, toca aquello que vas viendo, escucha tus pasos cuando te vas moviendo, huele el ambiente que hay. Pon tus cinco sentidos en esa proyección para así cohesionar tu cuerpo astral.

Si te cuesta visualizar puedes ponerte delante una imagen, una foto.... cierras los ojos ¿puedes recordar la foto, la imagen? si no es así, entonces repites hasta que la recuerdes.

Tienes que hacer músculo energético.

Usa los sentidos mentales y recréate en ellos para irte adentrando en el CE.

La clarividencia la puedes desarrollar intensificando la atención que pongo tanto en lo físico como en lo mental. Ponte mirando la pared y te imaginas unos puntos negros que van cayendo estilo película de Matrix y luego cierras los ojos te concentras en los párpados y los puntos se convierten en manchas, luego en figuras...

También visualizando un color y ves cómo se mueve y hace cosas.

La clariaudiencia la puedes desarrollar por ejemplo recreándome en una canción y sacando los instrumentos que toca, la entonación, recordando la letra...

La clarisensación, el sentido kinestésico donde puedes notar la energía cuando entras en un lugar, la puedes desarrollar si empiezas a conectar con el tacto. Te tocas con un dedo un punto de la cara, una vez que has separado el dedo ¿puedes seguir notando ese dedo? si es así lo que estás haciendo es ir desarrollando ese sentido.

Así puedes ir entrenando día a día. Según cómo seas puede que necesites entrenar más o menos.

Todo esto son las llaves que abren la puerta a todos tus superpoderes. De ahí que te recomiendo que cada día decidas darte un tiempo para entrenar.

12.- PROPÓSITOS Y PLANES DE VIDA

El CF tiene unos instintos que son deseos que lleva implícito nuestro cuerpo. Según el tipo de ser humano que seas tienes unos instintos más acentuados que otros.

También el CM es diferente en las personas, los deseos del CM difieren de una persona a otra. Tenemos curiosidad por diferentes temas y de diferentes maneras

Por lógica tu CE también tiene deseos, la programación del CE tiene que estar diseñada antes de la encarnación. Así que se puede mediante la meditación introspectiva conocer los deseos que tiene nuestra alma o el CE. El Alma y el CE no son lo mismo, el Alma es algo más grande y el CE más pequeño.

Al igual que el CE es más grande o sutil que el CM y éste que el CF.

Mediante un ejercicio de introspección puedes saber, visualizar, para qué estás aquí, qué es lo que tienes programado, el "destino". No hay un solo propósito, puedes ver cuál es el propósito a gran escala y cuales son los propósitos ahora mismo.

Ejercicio:

Entra en meditación al igual que en los ejercicios anteriores, cierras los ojos y preguntas: ¿cuál es el propósito estructural, inicial que me llevó a encarnar en este cuerpo? ahí induce una imagen de tí mismo de bebé. De ahí te irán apareciendo imágenes y vete desarrollando todo lo que te va sucediendo.

Vete buscando diversos matices en todas las imágenes que te van apareciendo. Si en algún momento te aparece algo que no sabes bien lo que puede significar pide ayuda a alguno de tus guías para que te ayude a descifrarlo.

Una vez que te des por satisfecho en la averiguación del propósito de vida pregunta cuál es el propósito del momento, el que tienes aquí y ahora. No hace falta que salgas de la otra meditación, incluso es mejor que lo hagas seguido, una vez tengas tu propósito de vida y entiendas bien todo lo que has ido viendo y/o escuchando, pregunta cuál es el de este momento.

Recréate en todo aquello que te va apareciendo, también puedes pedir consejo ¿qué cosas puedo mejorar? cada imagen que veas pregunta qué significan esas imágenes.

¿Cómo te sientes en ese escenario? si por ejemplo te aparece un sentimiento de culpa pregunta ¿por qué lo sientes así? ¿Es un sentimiento legítimo o implantado, qué tienes que hacer con ello?.

Después pregunta ¿cuál es el siguiente punto a realizar, mi siguiente propósito? Ahora cuando despiertes anota todo lo vivido, cómo te has sentido, y si has llegado a saber cuál es tu propósito de vida y el actual anótalo también.

Mi propósito de vida es:

_____

_____

_____

_____

_____

_____

Mi propósito actual es:

_____

_____

_____

_____

_____

Mi siguiente propósito es:

_____

_____

_____

_____

_____

Cada vez que entras en tu mundo interno se te representan las situaciones con unos símbolos y códigos gráficos que tienen que ver contigo, están diseñados para que los puedas interpretar.

No te frustres si ves que tardas mucho porque es todo cuestión de práctica, no es cuestión de talento ni de capacidad, cuanto más practiques más fácil y rápido te saldrá todo.

Cuando ves luces o colores dorados o blancos casi siempre es el hilo conductor de lo que es el propósito de vida, normalmente se expresa como una luz que va en una dirección. Allá donde va la luz es donde va la voluntad y la voluntad es el equivalente al propósito. Puedes ver qué hace la luz y esta te dice cuál es tu deseo, cuál es tu voluntad, cuál es tú propósito.

Por eso para empezar la meditación puedes imaginarte un halo de luz y visualizas a dónde te va, a qué parte del cuerpo va, si va a la cabeza tiene que ver con la mente, si va hacia abajo tendrá que ver con los instintos, si te va al corazón con los sentimientos...

REGRESIÓN, CANALIZACIÓN, SANACIÓN ENERGÉTICA

Vamos a aclarar estos conceptos por si no tienes clara la diferencia entre ellos.

Canalización es el punto de intersección que hay entre tu cuerpo energético y los cuerpos superiores. Muchos de los ejercicios que hemos hecho hasta ahora son canalizaciones.

Regresión es una meditación introspectiva, a través de la visualización, que tiene como objetivo conectar con capas del pasado, cosas que están enterradas en tu memoria tanto cerebral como energética que puede llevarte a vidas pasadas. La regresión busca contenidos en el CE y de ahí no te mueves, en la canalización vamos por encima del CE.

Sanación energética o cuántica. El CE tiene parásitos que drenan nuestra energía. Puedes encontrarte con entidades positivas o negativas. Si aprendes a sanarte será mucho más fácil canalizar, hacer regresiones, viajes astrales.... Es una sanación sin tocar, te puedes sanar a tí o a otra persona aunque esté en la distancia porque tu CE se puede comunicar con su CE sin que haya proximidad física.

13. SANACIÓN ENERGÉTICA

Cuando entras en visualización te imaginas a ti mismo y vas a pedir que quieres ver tu cuerpo energético. Trata de imaginar cómo es tu CE, y dentro de este CE te interesa ver si tienes manchas negras. Al igual que tu CF puede estar sucio por dentro o por fuera tu CM también se ensucia con pensamientos repetitivos, una música machacona en la cabeza... eso sería suciedad en el CM, también si no te puedes concentrar en algo implica que hay interferencias.

El CE también tiene interferencias y la sanación energética consiste en descubrir y detectar estas interferencias también llamadas parásitos, implantes... y aprender a retirarlos.

Con la meditación limpiamos el CM, también a través de las palabras bonitas, inteligentes de la PNL (programación neurolingüística).

Mediante la visualización también podemos hacer una limpieza de nuestro CE.

Primero te tienes que imaginar tu CE, puede que un dia lo imagines de una forma y otro dia de otra, porque cambia durante el día en función de tu estado emocional, de lo que hace... así que es importante testear cómo se encuentra ahora. Así que es importante que preguntes: ¿Qué interferencias tiene mi CE ahora? ¿Tiene parásitos, implantes, enganches en algún lugar? Después de preguntar esto, visualiza y te pueden aparecer manchas en algún lugar de color negro o grisáceo. Pide internamente que se te muestren todos los implantes, parásitos, enganches...

También puedes hacer una exploración kinestésica a la vez, pasando tu mano por cada parte de tu cuerpo a la vez que la visualizas y puede que notes algo en algún lugar. Incluso puedes preguntar a tu voz interna que te vaya guiando, puedes ir preguntando ¿es aquí?...

Todo esto es cuestión de práctica. Ahora vamos a retirar todo esto que no te pertenece. Para ello podemos usar dos técnicas:

1.- Imagina un tubo de luz, parecido a una aspiradora, que absorbe todos esos implantes, parásitos.... pero a veces no es tan fácil retirarlos y necesitamos hacer más cosas. Sabrás si lo has retirado si has sentido algo al hacerlo. Si no has sentido nada es muy fácil que aquello que he quitado no sea más que un holograma, una proyección holográfica de una entidad y no sea la entidad verdadera, entonces es como si no quitas nada.

Tienes que sentir una especie de alivio, de relajación, un escalofrío... al retirar ese parásito.

2.- Imagina un baño de luz violeta. Como si te duchas con un agua color violeta a presión que te pasa por el cuerpo y va quitando estas entidades.

No existen sólo estas dos formas, usa tu imaginación, quizás quieras arrancarlas con las manos, mandarlas amor con una luz tan potente que las deshaga... Lo que te sea más fácil imaginar, recuerda que la imaginación la tienes que acompañar de la emoción, del gesto físico y de la palabra.

Si acompañas todo: palabra, gesto, visualización y sentimiento tienes que acabar visualizando tu cuerpo con un nivel de luz brutal. Si no ves una gran luz es que no has quitado bien esos enganches y tienes que repetir hasta que veas que ese CE está lleno de una gran luz.

Tu CE al estar limpio, además de ser mucho más luminoso, si le das órdenes para hacer algún tipo de movimiento y lo cumple con fluidez significa que ese CE ya está limpio. Sin embargo si le das una orden de dar volteretas y se queda dando volteretas y no para, significa que hay un bucle que tienes que limpiar.

Puedes poner música de acompañamiento que te inspire, que te emocione para hacer este tipo de sanación energética y así es más fácil hacer limpieza al generar emociones positivas para retirar parásitos. Así la música va a provocar una estimulación positiva.

También puedes enviar buenas vibraciones a otra persona y así recargar su energía, esto no hace que tú te quedes sin energía porque cuando se hace esto no se hace desde tu CE si no desde cuerpos superiores, se hace con la intermediación del CE pero estás yendo a capas superiores que no tienen el déficit energético del CE. Así que es perfecto enviar buenas energías y vibraciones a los demás.

Así que empieza explorando tu CE y luego puedes hacerlo mirando el CE de otra persona, alguien conocido, algún famoso...

Ejercicio:

Visualizate con una super luz, si no lo consigues pregunta:

¿ Hay algo que impida que tenga mucha luz? ¿Tengo algo que limpiar? Quiero que se me muestren todo tipo de interferencias. Una vez las veas las tienes que limpiar con cualquiera de las formas que hemos descrito antes.

Puedes también visualizar el CE de otra persona, poner tus manos en su corazón y ahí puedes sentir lo que siente, pero antes de extraer conclusiones precipitadas tienes que saber si esa persona está pasando por un momento difícil que hace que tenga esos sentimientos en su corazón.

Ejercicio de activación:

El CF lo alimentas con el oxígeno, con la nutrición...Lo puedes ayudar a desintoxicarse gracias a la excreción de las sustancias tóxicas y puedes ayudarle a vigorizarse a través de la redistribución de la energía que ya está disponible.

Con el CE se puede hacer lo mismo, se puede crear energía y activarlo, puedes ayudarle a retirar y expulsar aquello que es tóxico y también a redistribuir la energía.

Lo puedes activar, el CE, a través de este ejercicio:

1.- Activación: entras en visualización y te imaginas como tu CE empieza a dar saltitos, trotando y te mantienes ahí de forma cada vez más rápida y cada vez los saltos son más grandes, de esta forma vas atravesando barreras imaginarias. Te mueves a tanta velocidad que escuchas el silbido del viento como si lo estuvieras rompiendo, imagina que eres como una peonza que gira a muchísima velocidad, cortas el viento y emanas luz sin parar. Al moverte a tanta velocidad agujereas el suelo (como en los dibujos), saltas, te mueves, puedes volar, atraviesas barreras, montañas... hasta que en un momento vuelves al cuerpo original y ahí puedes ver y sentir tu CE vibrando, lo tienes que ver lleno de luz, de color. Las impurezas que tenías, al moverte tan rápido las has expulsado todas.

Con un ejercicio como este ya estás activando tu CE, puedes acompañarlo de música, también puedes imaginar que haces pesas, arrancas una montaña y la tiras lejos...

Tienes que hacer este tipo de visualización para activar tu CE antes de cualquier tipo de limpieza porque si empiezas desde aquí te va a ser más fácil retirar implantes, enganches...

2.- Limpieza: es el siguiente paso después de haberte activado:

Imagina que te duchas con un chorro de luz que te limpia o te bañas en unas aguas termales de colores que te van limpiando... puedes usar una esponja, una crema que limpia todo... tienes que imaginar como ahora tu CE activo expulsa y limpia toda la capa superficial de toxicidad.

3.- Eliminación: lo siguiente es eliminar y expulsar a través de los orificios de tu CE toda la porquería que está dentro. Puedes imaginar que a través de la boca sale una especie de lodo viscoso y oscuro... Visualiza cómo expulsas todo lo que hay en tu CE hasta que haya un momento en el que quieres expulsar y ya no te sale nada más, en ese momento paras.

4.- Reordenar: ahora toca reordenar la energía. Visualiza esa energía cómo se va distribuyendo a partes iguales por todo tu CE.

Otro ejercicio:

Entra en visualización e imagina una situación que te ayude a crear una emoción, ya sea positiva o negativa.

Visualiza tu CE y mira qué color o colores están dominando y en qué zonas.

Imagina que creas la emoción de alegría y visualiza el color azul. Tienes que retener en tu mente ese color porque luego cuando quieras generar una emoción de alegría vas a evocar, visualizar, vestirte... con ese color.

Cuando notes que tienes implantes, parásitos...intenta visualizar el color que va asociado a esa sensación y entonces puedes aplicar el antídoto con el color de la emoción contraria, es decir, si ese parásito te está haciendo sentir triste y lo ves como un color negro en ese momento le aplicas alegría, que era el color azul.

Quiero que recuerdes que todo esto son ejemplos, es decir, el color azul quizás para tí no significa alegría sino bondad. Para eso tienes que realizar el ejercicio anterior y escribir aquí el tipo de emoción que has sentido y el color que tiene la misma. Con el tiempo también puede cambiar, es decir, que a la vuelta de un par de años la alegría la veas con el color naranja.

Te invito a que realices el ejercicio y vayas anotando todos aquellos sentimientos, tanto positivos como negativos con su color correspondiente, para que los recuerdes y cuando los necesites como antídoto los puedas usar. Así será fácil que puedas corregir tu estado de ánimo.

Sentimiento   **Color**

Sentimiento	Color

¿Cómo puedes equilibrar tu energía?

Seguramente ya sabes lo que es una Constelación Familiar, es una representación a través de un grupo de personas en la cual una serie de figurantes se colocan en diferentes roles. Esas personas se dejan llevar por lo que sienten y actúan en consecuencia siguiendo las directrices del constelador.

Una de las técnicas más importantes que se usan en canalización y en sanación es algo muy parecido a una constelación.

Te vas colocando en diferentes roles, te pones por ejemplo en el rol de tu CE y le preguntas ¿cómo estoy? ¿Qué tengo que equilibrar en estos momentos? cierras los ojos, visualizas y dejas que tu cuerpo te guíe. Te puede guiar a que hagas una determinada postura, que tus manos vayan a algún sitio de tu cuerpo....

Esto lo puedes hacer también con otras personas, es decir, te colocas en el rol de otro individuo y le preguntas ¿cómo te sientes? ¿Qué puedes corregir para estar mejor? e incluso tú mismo puedes hacer la corrección por él para ayudarle.

Así que algo tan básico y sencillo como ponerte en el rol de tus diferentes cuerpos o incluso de otro individuo para ver los desperfectos que pueda haber, preguntar qué puedes corregir y sintonizarte con la frecuencia óptima, es una manera fácil de constelar y diferente a las típicas constelaciones de grupo.

De las constelaciones pueden extraerse muchos más matices.

La Canalización:

Se produce una canalización cuando estableces una comunicación directa con entidades. Lo más interesante es mantener una conversación con tu Yo Superior que es la entidad que te define en el nivel más sutil posible.

A través del CE puedes establecer una comunicación directa con tu parte más sabia e inteligente que es tu Yo Superior. También puedes establecer comunicación con otros seres de apoyo que están en otra realidad, en otros niveles vibratorios más altos.

La intuición es una manera que tienen estos seres de comunicarse con nosotros, cuando dices: intuyo que tengo que ir por aquí, eso es un susurro del alma, un susurro del Yo Superior.

Muchas veces el mensaje no llega de forma directa. Por ejemplo: a través de la escritura automática te dejas llevar y ves lo que la mano te va diciendo a través de diferentes mensajes, con un pincel y dibujar, imagina una entidad a la que tú le tienes que dar respuestas y dejas que la parte más sabia de tí conteste... Hay diferentes formas para hacer la canalización.

A veces la respuesta no es a través de palabras sino de imágenes, si no lo entiendes vuelve a preguntar y pide que te lleguen más imágenes para entenderlo. No te precipites en la interpretación, pregunta todas las veces que necesites. Las interpretaciones siempre deben ser constructivas, pedagógicas, en sentido positivo porque las entidades de luz siempre nos dan interpretaciones positivas y pedagógicas. Si hay juicios de valor en sentido negativo, crítica, juicios, normalmente no son entidades de luz.

La canalización es una forma de explorar tu mundo interno y darle sentido.

La mejor manera de comprender a los seres de luz es apelando a la parte tuya que se identifica con ellos, es decir, si te conectas con tu parte de luz, hay un momento en el que comprendes a la perfección lo que quieren estos seres porque si esa parte está dentro de tí, la puedes comprender por extrapolación. De forma que sólo tienes que comprender esa parte que ya está dentro de tí para saber lo que exactamente quieren ellos y cómo se comunican contigo.

Puedes canalizar sobre cualquier tema, puedes hacer canalizaciones a través del tarot, de la astrología... es decir que se te pueden mostrar símbolos que tú ya entiendas, si lees las cartas del tarot puede que se te muestren ciertos arcanos para que así tú sepas interpretar ese mensaje que te están enviando. Si no las entiendes a la primera tienes que seguir preguntando todo el tiempo hasta que las entiendas. Si quieres verificar que lo que ves no te lo estás inventando, si no que efectivamente estás accediendo a un campo de información por la canalización, puedes hacer esas mismas canalizaciones con otra persona y una vez canalizado se expone aquello que se ha visto y así se puede verificar que habéis canalizado, porque si no, se verán cosas diferentes.

Después de canalizar te tienes que centrar en la parte constructiva y preguntarte, ¿en qué me ayuda en mi evolución? ¿cómo me ayuda para tener una mayor consciencia?...

Si realizas una canalización para buscar cuestiones científicas es un tema más complicado porque estas cuestiones dependen siempre de muchas cosas, son más relativas, dependen mucho del observador, de las preguntas que le haces al experimento...

La mejor manera de aprender a canalizar es practicando constantemente. Es importante que entiendas cuál es tu método de canalización, tu forma natural de actuar como canal, puede ser hablando, escuchando, con la música, pincel, escribiendo, con péndulo... encuentra tu método para que así puedas establecer un puente con el mundo energético.

14. CHAKRAS Y TÉCNICAS ENERGÉTICAS

La anatomía básica del CE está comprendida por los siete chakras principales que son los órganos de tu CE. Son:

1.- Chakra Raíz o Muladhara: Situado en el perineo, nos conecta con la sensibilidad corporal, con el sentido del tacto. Es tu respuesta sensible, sensitiva.

2.- Chakra Sacro o Svadhishthana: se sitúa un poco por encima del primero, tiene una función de sensación con una connotación personal: placer y dolor, la respuesta valorativa a tus sensaciones se regula a través de este segundo chakra. Se le asocia a la energía sexual porque esta energía implica unas valoraciones de quiero hacer algo, movilizar mi energía hacia algo concreto...

3.- Plexo Solar o Manipura: situado por la zona del ombligo. Tiene que ver con la fuerza de voluntad, la que te lleva a realizar acción. Voy a hacer esto, voy para allá.... esto tiene que ver con este chakra.

Las personas muy instintivas suelen tener estos primeros tres chakras mucho más fuertes y más grandes que el resto.

4.- Chakra Corazón o Anahata: es el intermedio, el que equilibra todo el organismo. Tiene que ver con la esfera emocional. Es el Yo Soy emocional, lo que sientes que eres. Las personas muy sentimentales, emocionales lo tienen muy potente.

5.- Chakra Garganta o Vishuddha: nos da una pista sobre la capacidad dialéctica que tenemos. También la velocidad y facilidad para expresar lo que piensas, así que esa capacidad expresiva, valorativa e intelectual tiene que ver con este chakra.

6.- Chakra del Tercer Ojo o Ajna: es la capacidad de visualizar, de intuir, de ver más allá de las apariencias, intuición y visualización. Muy conectado con la inteligencia superior, con la inteligencia intuitiva.

7.- Chakra Corona o Sahastrara: es el más importante para abrirte a la Divinidad. El del tercer ojo es más perceptivo, psíquico, este séptimo es espiritual, evolutivo, es el que te conecta con lo Divino.

Se va desde el más denso al más sutil y lo mejor es tenerlos en equilibrio. Hay una parte del chakra delante y otra parte detrás, la función trasera del chakra es una función más inconsciente, es decir, en el segundo chakra la parte delantera tiene que ver con el placer y la trasera con la parte dolorosa y según la intensidad del estímulo va más hacia el placer o hacia el dolor.

Es muy interesante que seas capaz de verlos o de percibirlos y para eso vamos a realizar un ejercicio muy simple:

Vas a usar las manos y la visualización simultáneamente. Imagina cualquier persona, una amiga, una famosa, un familiar.... piensa en esa persona e intenta ver cómo están sus chakras empezando por el inferior.

Trata de imaginarte cómo ves ese primer chakra, cuando veas el primero lo comparas con el segundo, luego con el tercero y así sucesivamente para que los veas todos a la vez. Para determinar el tamaño del chakra tienes que ver todos y así saber cuál de ellos es más grande y cuál más pequeño para ver la escala de esa persona. Luego tienes que comparar el tamaño de esos chakras con los de otra persona, así de esta manera puedes estar seguro si los tamaños que viste en los chakras eran grandes o pequeños en comparación con la segunda persona.

Es importante saber que una misma persona según el momento del día en el que lo mires puede cambiar el tamaño de sus chakras, es variable. Hay una base, una estructura, una tendencia pero es variable. Puedes interactuar y reequilibrar esos chakras mientras lo vas imaginando.

Después de esta introducción vamos a entrar ahora al ejercicio:

Entra en meditación, cierra los ojos e imagina a esa persona. Visualiza el primer chakra y a la vez con las manos haces como que lo comprimes y lo estiras (al hacer esto imagina si notas algo), mira también el color si está apagado, brillante.... Pasa al segundo, de ahí al tercero y así sucesivamente hasta poder ver todos a la vez. Ahora ya sabes qué chakras tiene más grandes y cuáles más pequeños.

Una vez que tienes ya a esa persona visualizada por completo con sus siete chakras vas a hacer lo mismo con otro individuo. Mira el tamaño y los colores, la luminosidad de cada uno de los chakras. Ahora puedes comparar ambos individuos.

También al visualizar los chakras puedes intentar hacerlos girar, esto nos dice el nivel energético que tiene la persona si cuesta o no hacerlos girar. Para mejorar la energía de la persona la puedes hacer un baño de luz o mandarle un rayo de luz desde tu tercer ojo hacia el chakra de esa persona que está peor.

Para limpiar y trabajar a una persona imagina una luz blanca o dorada que entra por su primer chakra, sube por los demás hasta el corona, de ahí pasa por delante, vuelve a entrar por el raíz, sube por los chakras, sale por el corona, pasa por detrás del cuerpo, vuelve abajo, entra por el raíz y así sucesivamente.

Imagina que vas haciendo este ejercicio unas cuantas veces y cada vez a una velocidad más rápida. Con este ejercicio haces que su sistema energético funcione mucho mejor.

Puedes pedir permiso a la persona o a su yo superior antes de realizarlo.

Ahora vamos a realizar un ejercicio para que sepas cómo analizar el cuerpo mental de alguien, cómo opera a nivel emocional... Para esto:

Entra en meditación, cierra los ojos y ahora imagina, visualiza un rectángulo, como si fuera una pantalla de cine mental y ahí pide que se te represente la forma en que trabaja el intelecto de esa persona y luego interpretas los datos. Por ejemplo, si una persona tiene un intelecto pobre, está muy dormida, se puede representar como una línea recta o como un gusano que avanza muy despacio o incluso que retrocede. Si la persona tiene un gran intelecto, muy despierta, puede que veas muchas líneas que se mueven a gran velocidad, en 3D y con colores.

Si quieres saber cómo es una persona a nivel emocional, imagina un estanque, un lago de agua. Visualiza ahora a una persona que entra dentro de ese estanque, lago y observa lo que hace. Si se resiste a meterse y se queda en el nivel superficial normalmente representa a alguien a quien no le gusta entrar en su mundo emocional. Si la persona va hasta el fondo son personas muy conectadas con su naturaleza emocional. Otras igual en cuanto se meten notan una calidez, como si el agua estuviera caliente, estas son personas que están muy conectadas con sus emociones y están cómodas con las emociones e invitan enseguida a que otros entren en su mundo...

Si te interesa saber cómo funciona alguien en el mundo instintivo tienes que imaginarte una silueta, como si fuera una caricatura de dibujos animados, y le mandas hacer ejercicios físicos: pesas, volteretas, bailar... y mirá cómo reacciona, si ves que tiene un cuerpecito muy pequeño, que le cuesta hacer las cosas, que va muy despacio o que se queda en bucle repitiendo una tarea entonces ya sabes que esa persona a nivel instintivo no está muy trabajada.

Para saber a nivel espiritual cómo se encuentra un individuo también se puede hacer un ejercicio, aunque a la hora de valorar los resultados es más difícil medir a la gente ya que a veces la calidad vibratoria no equivale al nivel de consciencia. El ejercicio es:

Imagina que la persona está dentro de un huevo que representa la esfera psicológica y también representa la esfera que le separa de los mundos sutiles. Puedes ver cómo está ese aura o ese huevo, ¿tiene facilidad esa persona para salir del huevo? ¿Puede romper ese cascarón, salir, moverse y hacer cosas? Cuanta más facilidad tenga para esto más despierta está la persona en su naturaleza espiritual. También puede darse que la persona esté dentro del huevo que está abierto por la parte de arriba y a través del agujero la persona se conecta y le llega información de arriba. Esto significa que esa persona no tiene todavía un alma totalmente espiritualizada o con un nivel que no le permite alcanzar aún la autonomía y la responsabilidad personal pero puede que sea muy buen psíquico o vidente y pueda tener la facilidad para conectar con los mundos sutiles aunque ella no ha alcanzado su autonomía personal.

En una persona con un nivel evolutivo muy bajo se ve un huevo sin apenas luz y la persona está dentro casi sin moverse.

También puedes saber dónde está una persona en su línea evolutiva. Visualiza a un individuo que se encuentra encima de una línea de luz. Imagina esta línea como una espiral, que es la línea más ortodoxa evolutivamente, ahí se ve cuánto ha avanzado la persona en esa espiral.

Hay veces que esa línea recta se convierte en una pendiente y eso significa que esa persona está evolucionando más de lo que se había previsto, está más avanzada de lo que le correspondía en su camino espiritual.

Pregunta que se te represente en qué momento evolutivo estás tú u otra persona. Puede haber personas que involucionan.

Para saber las encarnaciones que ha tenido una persona imagina a la tierra y círculos alrededor de ella y cada círculo es una vida. Pregunta: fulanito ¿cuántas encarnaciones tiene? ahí te aparecerá la persona con un número de círculos y esas son sus vidas pasadas. Si hay muchísimas será un alma muy vieja.

Puedes aprender a preguntar cualquier cosa. Tienes que empezar por cosas que puedas verificar para que sepas que estás haciendo una buena lectura.

Deshacer Implantes y Creencias Limitantes:

Los implantes y las creencias limitantes son la misma cosa, una creencia limitante es la forma mental que tiene un implante en el CE. Tenemos un sistema de valores conscientes y detrás de esas creencias conscientes hay otras sumergidas que actúan en forma de convicciones racionales, son excusas que nos ponemos para no conseguir aquello que queremos conseguir. Por ejemplo, una mujer de 44 años que se quiere quedar embarazada, aunque lo quiera, tiene miedo por los años que tiene, por si se podrá quedar embarazada, por si no encuentra la pareja adecuada para tener ese hijo... todo esto son creencias limitantes que están de forma inconsciente.

Hay que crear una manera de hacerlas aflorar, no puedo permitir que operen de forma inconsciente porque entonces tienen mucha fuerza. Hay que poder confrontarlas directamente, y para ello tienes que fijar un objetivo, decretar algo que quieres conseguir que para ti tenga alguna dificultad añadida. Entonces cuando decides y decretas claramente lo que quieres y afirmas que lo vas a conseguir a la mayor brevedad posible, automáticamente afloran en ti toda una serie de creencias limitantes que están en la esfera mental.

Te invito a que hagas ese ejercicio, plantéate algo, un reto, un decreto que sabes que tiene una dificultad añadida. En ese momento aflorarán en ti todas las creencias limitantes que tengas y ahí quiero que mantengas un diálogo entre tu corazón, que es tu alma, y tu mente, que son las creencias limitantes.

Vamos a poner un ejemplo:

Entras en meditación y vas a decretar algo que te parezca difícil de conseguir, que no has conseguido hasta ahora y vas a decir que lo vas a conseguir. En ese momento estoy segura de que te afloran muchas creencias limitantes, aquí empezamos con el diálogo:

CM: Eso que quieres...¿por qué no lo has conseguido hasta ahora?

Ante esa pregunta puedes decir desde el corazón a tu CM: Dime tú porqué no lo he conseguido hasta ahora, ya que haces esa pregunta tal vez tengas la respuesta.

Ahora la mente te dice: Tal vez no estás preparado para conseguir eso y te va a costar así que mejor no pidas eso.

Contesta desde tu Alma, aunque me sea difícil no significa que sea imposible y por lo tanto tiene que haber alguna manera de hacerlo.

Desde el CM: ¿por qué insistes en hacer algo que es difícil para tí?

Responde tu Alma: Porque cuanto más domine más experiencias tendré y más autosuficiente seré

CM: ¿Y no te has preguntado que quizás no estés preparado, diseñado para ello? ¿existe algún tipo de limitación de base?

Alma: Si yo siento y conecto con un deseo lo suficientemente profundo de poder hacerlo no puede haber ninguna limitación estructural de base, toda limitación que pueda haber es estrictamente temporal, no puede haber limitación estructural pero estoy convencido de que si soy un creador de realidad puedo llegar a conseguirlo.

CM: ya no tiene ninguna otra objeción.

Ahora imagina una luz blanca en tu mente limpiando todas esas creencias que tenías y si hay algo negro visualiza cómo se destruye ese bloque negro con la maravillosa y reluciente luz blanca.

Estamos ahora en un punto en el que las creencias limitantes han desaparecido, ya no hay objeciones.

Pero.... ¿Cómo consigo el propósito? pues para ello ahora tienes que entrar en canalización. Ahora la mente le pregunta al Alma:

CM: ¿Y cómo voy a hacer para conseguirlo?

Alma: Puedes conseguirlo si te relajas y te enfocas más en lo que quieres. No te relajas lo suficiente y por eso tu cuerpo acaba perdiendo energía de forma inútil. Tienes que tener un mayor control de la relajación para que así te enfoques más.

CM: ¿y cómo puedo conseguirlo?

Alma: esto es un hábito, tienes que acostumbrarte durante el día a hacer pequeñas relajaciones acompañadas de la respiración tranquila y profunda. Tu CF y tu CM se tensan normalmente para hacer muchas actividades, para no bajar la guardia. Si aprendes a hacer micro relajaciones durante el día podrás hacerlo, esta es la clave. Y que te des cuenta de que tu postura corporal normalmente está tensa. Aprende a estar presente mientras te relajas, puedes utilizar meditaciones guiadas para ir acostumbrandote a hacerlo durante el día. Si lo haces luego ya podrás decretar relajación y tu cuerpo será capaz de relajarse.

En resumen, primero tienes que hacer el decreto, el deseo que quieres. Segundo, pasa a deshacer las creencias limitantes. Tercero tienes que preguntar a tu parte sabia que hay en tí cómo lo puedes hacer. Esta te dará todas las claves para poder conseguir aquello que deseas. Si no te ocurre el primer día no desesperes, puede que tarde un tiempo en que toda la energía que has movido vaya hacia eso que quieres.

Si sólo haces una limpieza sin haber hecho este diálogo, las creencias, implantes volverán. La desprogramación tiene que ser completa para que esto desaparezca totalmente.

Tenemos muchas creencias limitantes. Para que puedas verlas e ir deshaciéndote de esos implantes tienes que plantearte metas ambiciosas porque ahí es cuando ves las deficiencias, si tus objetivos son pequeños puedes tener una falsa sensación de dominio, no te hagas trampas.

EL PUNTO DE ENCAJE

Si has leído literatura Tolteca, como los libros de Carlos Castaneda entonces conocerás a qué se refieren con lo del Punto de Encaje, desde ahora lo voy a llamar PE.

Si no lo conoces, el PE es un punto, una esfera luminosa que se encuentra entre los omoplatos. Representa el lugar donde se posa la atención en ese momento, la esfera se puede mover por diversas cosas.

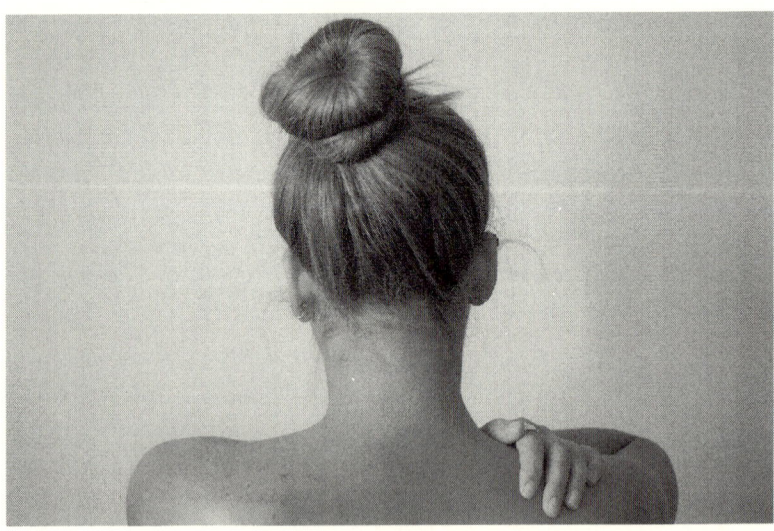

Si tienes una actividad mental normal el PE se encuentra entre los omoplatos y se mueve muy poco, mínimamente. Si una persona defiende una ideología, este PE tiene un ligero desplazamiento. Si una persona profesa una religión, este PE conecta con otra coordenada. Cada bloque ideológico representa una coordenada del PE.

Incluso si estás en la ciudad y te vas al campo este PE se moverá también. El mundo subjetivo que yo percibo tiene un correlato con el PE. Si empiezo a meditar el PE se desplazará a posiciones más elevadas.

Según cuentan los toltecas, cuando una persona dentro de un sueño o de un viaje astral se conecta con la conciencia de un animal el punto de encaje se desplaza hacia abajo. Y es más fácil moverse a esas posiciones bajas, las posiciones altas son más complicadas de sostener y se consiguen con grandes meditaciones. Por ejemplo, imagina que tienes un sueño muy recurrente, pues eso significa que cada vez que estás en ese sueño tu PE se encuentra en las mismas coordenadas. Si haces una regresión y conectas con unas memorias que no recuerdas lo que estás haciendo es moviendo el PE a la posición que tenía cuando eso ocurrió. Es como si fuera el GPS que te dice dónde está tu atención en el momento actual.

Te puede servir para si en alguna meditación quieres volver a un momento en especial y para ello puedes dar la orden a tu PE para que se posicione donde se encontraba en aquel momento que quieres revivir.

Actualmente, en la sociedad en la que vivimos a través de los medios de "des" información se intenta que nuestros PE estén todos fijados en la misma posición. Eso es a lo que se llama mundo objetivo, que es la suma de subjetividades educadas para percibir lo mismo y de la misma manera. Si muchos perciben lo mismo y de la misma manera sus PE se encuentran en el mismo sitio, tienen las mismas coordenadas. Cuando alguien "despierta" lo que hace es mover el PE hacia posiciones distintas a las que la educación formal le ha educado, empieza a ver, sentir y pensar cosas que "no debería" y todo porque ha movido ese PE.

ATAQUES PSIQUICOS

Imagino que conoces la expresión: "alguien le ha echado un mal de ojo", es como una maldición, un hechizo negativo.

Al igual que en el nivel físico existen las agresiones como serían: los venenos, las intoxicaciones. En el nivel mental estas agresiones son las palabras que nos hacen daño. En el campo energético también existen.

¿Qué podemos hacer para protegernos?

Puedes imaginar que tienes un escudo que te protege (acción defensiva), imaginar que estás desarmando al adversario (acción ofensiva) y también puedes disolver el veneno (acción disolutiva).

Ahora vamos a ir una por una.

Opción Defensiva: visualizate utilizando algún tipo de escudo que puede ser de tipo piramidal, una merkaba, un hexágono, una pirámide... y te visualizas dentro de ello, de figuras que estén acabadas en punta. También puedes imaginarte dentro de una burbuja, aunque esta forma más que para la protección sirve para generar confort. Hazlo cuando te encuentres en situaciones hostiles, violentas, en discusiones... También puedes usar mantras o palabras protectoras como por ejemplo: No consiento ninguna agresión, Yo soy poderoso... y visualiza cómo las flechas que te llegan de esa persona son rebotadas inmediatamente.

Opción Ofensiva, de contraataque: cuando ya estás muy hostigado, has sido denunciado, te están haciendo bullying... En estos casos puedes visualizar cómo atacamos a las personas y a las entidades que están dentro de esa persona. Busca en su campo energético las zonas que estén rojas o negras y pregunta qué parte de ese individuo está realizando acciones hostiles contra mi y voy directamente hacia esa entidad, visualiza cómo agarras esa entidad y la dices, por ejemplo: Conmigo no te vuelvas a meter nunca má, si lo vuelves a hacer acabaré contigo para siempre y se lo dices clavándole tu mirada.

Opción de disolución: es más amorosa, requiere estar tranquilo y sereno internamente para que funcione. Si soy frágil internamente no es muy funcional. Tienes que imaginarte mucho más grande que el otro y le tienes que hablar con un punto de amor y decir por ejemplo: ¿qué haces, qué pretendes con todo esto? No te permito que entres en mi campo evolutivo y por ello tienes que marcharte en este momento y te imaginas como si el otro fuera una hormiguita y tú un gigante, y le dices que si no te hace caso le vas a mandar a La Fuente y la visualizas como una fuente de luz donde metes a esa entidad y se disuelve en una paz, un amor infinito.

Si estás en un momento nervioso te recomiendo más las dos primeras opciones. Cuando ya estés calmado entonces ya puedes usar esta última opción.

Con esto podemos deshacer cualquier tipo de interferencias. Si por ejemplo quieres meditar y empiezas a recibir un montón de interferencias lo que puedes hacer es hablar directamente con las entidades y decirlas: ¿qué pasa? ¿qué quieres? ¿pretendes molestar y que pierda el tiempo? pues no lo vas a conseguir, así que te recomiendo que te vayas a otro sitio o con otra persona porque yo no voy a permitir ni consentir que me incomodes, acabaré mandándote a la fuente y sé que esto no lo quieres.

Por ejemplo esto puede pasarte si vas en el coche con prisa por llegar a un sitio y encuentras una retención, estás intentando meditar y el vecino llama a tu puerta, estás haciendo un directo en internet y la conexión se vuelve muy inestable.

También lo puedes usar con aparatos eléctricos, imagina que tu móvil no se enciende, el ordenador se bloquea... empieza a hablar con las entidades que buscan el sabotaje y entras en diálogo con ellas, que es mejor que nos llevemos bien, que no haya malos rollos.... y así desaparecen. En una casa donde hay mal ambiente, mal rollo, entonces busca por allí, por las paredes a las entidades, al hablar telepáticamente con ellas les envías unas ondas intencionales que ellas pueden ver, interactúas sobre el campo cuántico.

Habla con ellas de buen rollo, pídeles que cooperen, que deshagan el atasco o lo que sea. Verás que todo funciona en tu vida de forma más fluida y con menos trabas cuando hagas esto, sobre todo usando la tercera opción, la de disolución.

EMOCIÓN, PENSAMIENTO Y ACCIÓN

Para tener las experiencias de las que hemos estado hablando hasta ahora necesitas energía y esta viene de la atención, lo que ocurre es que la atención normalmente está dispersa. Nuestra mente funciona de forma mecánica, esto lo que nos dice es que frente a determinados estímulos se van a dar respuestas emocionales y estas emociones implican un gran gasto de energía.

Esta energía la puedes aprovechar haciendo los ejercicios introspectivos, es decir, cuando te encuentres mal, entras en meditación y buscas el origen de esa emoción: ¿cuándo y dónde fue la primera vez que sentí esto?. Una vez hecho ese ejercicio de regresión volverás a una escena en la que te veas sufriendo por algo, allí establece un diálogo interno en el cual resuelves la situación reprogramando lo que pasó. Dando herramientas y consignas a tu niño interno cuando fue herido y así recuperas la energía que quedó allí enquistada, es la recapitulación.

Durante el día malgastamos mucha energía y por eso no tenemos tantas experiencias extra sensoriales. Aprender a meditar y dejar la mente en silencio es prioritario si quieres acumular energía.

Te voy a dar unas técnicas básicas para que vayas poco a poco domesticando tu mente:

1.- Suspender el diálogo interno pero permitirse pensar con imágenes, visualiza lo que te apetezca pero sin narrarlo. También lo puedes hacer al revés, poniendo sólo palabras sin imágenes.

2.- Intenta meditar bloqueando alguna parte de tu cerebro, es decir, por ejemplo intenta meditar sin imágenes y sin palabras, sólo permitiendo las sensaciones corporales. Ejemplo: intenta llevar la atención al tercer ojo, luego la llevas a la garganta, vas recorriendo todo el cuerpo y al final lo puedes acompañar de mantras (yo soy salud).

No es aconsejable hacer este tipo de técnicas cuando estás muy cansado o muy dolorido. Si te duele la cabeza no intentes hacer esto.

3.- Tai-chi, Yoga, Chi Kung intentan establecer puentes entre el cuerpo físico y su motricidad y el cuerpo energético. Ejemplo: ponte de pie y pregúntate interiormente: ¿cuál es el mejor movimiento ahora mismo para conseguir el resultado que quiero? y te dejas guiar por tu cuerpo, que se mueva de forma intuitiva. Puedes hacerlo poniendo diferentes tipos de música. Al poner un estilo te apetece moverte de una manera diferente a si pones otro estilo, así puedes usar la música como inspiradora y reequilibras el flujo de la energía.

Cuando te encuentras mal suele ser porque la energía no está circulando adecuadamente, si tienes pensamientos repetitivos, bucles mentales o te despistas con facilidad significa que tu punto de encaje se está desplazando sin parar, por eso no consigues concentrar la energía y por eso no te puedes regenerar ni sanar. Si te quieres sanar tienes que aprender a hacer que la energía se distribuya de manera uniforme, si hay un colapso en algún lugar tienes que ser capaz de mandar la energía a ese lugar para deshacer ese colapso. Es muy importante aprender a mover el cuerpo de tal manera que genere el resultado que quieras.

Ejemplo: con las manos puedes hacer un gesto como de subida, como si tocaras una especie de arpa y pasas tus dedos por todos tus chakras, de abajo a arriba. Puedes usar también las manos como para masajearte sin necesidad de tocarte y así vas haciendo circular la energía en tu cuerpo. También puedes activar un chakra que veas que está muy bloqueado, con los dedos moviendo en círculo dices: Actívate, actívate, actívate y acompaña con la visualización cómo se va ampliando y moviendo ese chakra.

Si esto lo haces antes de irte a dormir, antes de una actividad, al despertarte por la mañana.... vas a notar importantes mejoras en tu vida y que ninguna molestia de salud te puede durar demasiado.

Para crear un espacio de vacío y mente en blanco mira a ver en qué posturas te resulta más fácil conseguirlo, no siempre tiene que ser la misma postura o movimiento porque no siempre estás igual. Tu cuerpo te va a ir guiando a medida que vayas conectando con él. Prueba lo que intuitivamente te resuene más.

15. CREA TU REALIDAD.

MUNDO ENERGÉTICO

Seguro has oído la frase: "Somos creadores de nuestra realidad". Voy a intentar explicar un poco esto, como puedes hacer consciente y voluntario ese proceso de creación de la realidad.

Existe una correlación entre lo que sucede dentro de ti y lo que sucede fuera. Al igual que la correspondencia entre el CF, CM y CE.

Lo que sucede dentro del CM muchas veces está dominado por el inconsciente. Tu CE está también muy relacionado con lo que sucede a nivel inconsciente, de ahí los ejercicios propuestos anteriormente de establecer puentes para conectar con ese CE, comprenderlo mejor, hacerlo más consciente y sujetarlo a tu control.

Ahora vamos a ver qué tipo de órdenes puedes dar a tu realidad para que te obedezca. Tienes que tener en cuenta que somos interdependientes energéticamente de nuestro entorno. Por ello hay que saber cómo ser proactivo dentro de esa interacción energética que tienes con el entorno y ser el dominante, el que decide qué quiere que suceda y cómo quieres que suceda. Que tu vida esté acorde a lo que conscientemente quieras aunque siempre haya una parte inconsciente que suele ser la que guía pero puedes decidir los puntos que consideras importantes que se respeten.

Para hacer esto vamos a ir por pasos:

1.- Entra en una meditación simple. Cierra los ojos e internamente decreta una frase que te conecte con tu yo profundo, tu esencia, lo más rápidamente posible. Por ejemplo: "Yo Soy" "Me conecto con mi ser Divino, con mi fractal, con mi ser superior..."

2.-Visualízate en los mundos sutiles en tu mejor versión, de forma que te sea fácil sentirte identificado con esa imagen (un orbe de luz, un rayo divino...). Es desde aquí donde vas a dar las órdenes a tu realidad.

Ejemplo: imagina que quieres compartir tu vida con alguien a nivel sentimental. Desde ese lugar describe los atributos de la persona que quieres conocer y con la que quieres tener una relación sentimental, trata de ser lo más preciso posible y el tipo de relación que quieres con esa persona, qué puntos quieres de compatibilidad, rango de edad, tus líneas rojas...

Este paso tiene que ver con tu energía guerrera porque dirige tu energía en una dirección. Tus decretos pueden con el tiempo evolucionar y crecer pero tienes que empezar por aquello que es más importante y urgente para ti, de forma más abstracta.

Por ejemplo: "quiero ser feliz", y luego ya de ahí puedes ir creciendo y decretando cosas más concretas: "quiero ser feliz con una pareja que sea....".

Lo primero y más importante es que te conectes con tu lado más puro, divino, tú Sol, tu "Yo Soy" para tener una vista panorámica más clara de qué es lo que quieres, desde ahí ya no te da miedo posicionarte y dar al Universo una orden.

3.-Conecta con deseos lo más auténticos posibles. No decidas desde un arrebato, desde un momento donde emocionalmente te sientes en carencia, hazlo desde momentos en los que sientas plenitud, poder, confianza.

Al comunicarte con el Universo tienes que ser lo más preciso posible, date cuenta que lo que dices está cargado de significado y de intención. Si no eres claro consigues lo que dices, y a veces no es aquello que realmente quieres.

Ejemplo: "quiero estar con alguien que es muy fiel" si solamente dices eso puede que conozcas a alguien que es muy fiel a su pareja y por eso no acepta tener una relación contigo. Mejor decir: "quiero a alguien soltero y disponible sentimentalmente con el que tener una relación que se base en la fidelidad mutua" de esta forma ya podrás conocer a esa persona que pueda empezar una relación sentimental contigo de forma fiel.

El Universo obedece a lo que has dicho, no a lo que tú se supone que le quieres decir.

4.-Acompaña el decreto de una vibración, sentimiento, cuando digas lo que quieres tienes que vibrar en plenitud, sentirte feliz. No pidas desde la carencia, desde el resentimiento, porque al decretar a una baja vibración lo que manifiestes tendrá la vibración equivalente, baja y no te va a dar una experiencia tan satisfactoria. Por eso es importante hacerlo desde una vibración positiva.

5.- Intención que hay detrás de la orden. Tiene que ser una intención buena, que no haga daño a nadie.

Los decretos los puedes hacer para tí o cuando haces sanaciones para ayudar a los demás a sanar.

Lo importante es que sigas estos pasos y que sepas muy bien lo que vas a pedir y lo hagas de una forma lo más concreta posible.

ESFERA MENTAL

Hemos empezado con los decretos desde el mundo sutil, energético y ahora toca lo mental y después lo físico. Siempre va en el mismo orden desde lo sutil a lo denso.

Pasos:

1.- Representar lo que ya has decretado de forma simbólica. Las logias usan siempre simbología para amplificar lo que hacen. Te recomiendo la representación simbólica en tu mundo mental y físico de aquello que has generado en lo energético. Aquí puedes usar muñecos, figuras. Imagina que pides pareja, usa un muñeco que te represente y al lado le colocas otra figura que represente tu futura pareja, las colocas en un lugar que veas a diario. Así que cada vez que lo veas lo amplificas en tu mente, lo haces real. Tienes que conseguir hacer real aquello que en lo energético ya has decretado. También lo puedes dibujar, lo puedes escribir. Compórtate como si ya tienes ese resultado. Usa cualquier tipo de herramienta que simbolice lo que quieres conseguir.

Puedes crear tu pequeño altar y ahí poner todo aquello que deseas.

Puede que te encuentres con tu propia mente que duda, que te sabotea. Para esto hicimos el ejercicio de enfrentarse a las ideas limitantes. Esa parte de ti no eres tú, es un Yo implantado, es la mente del volador, no es tu Yo Superior. Para eso están los ejercicios que hicimos anteriormente, para expulsar esas entidades parásitas que lo que hacen es alterar tu pensamiento, se disfrazan de pensamiento racional, de objeciones válidas y sin embargo la única voz que vale es la que emana desde el centro de tu corazón.

Detente el tiempo que haga falta y escucha tu corazón desde lo más profundo que puedas, ese es tu camino de verdad. No pienses que todo va a ser fluido, vas a tener distracciones e interferencias todo el tiempo.

Es como una lucha entre lo que dicta el corazón y la mierda que tenemos en la cabeza. Piensa en todo momento que el orden siempre tiene que ser:

Lo que está en tu mente tiene que estar al servicio de lo que está en tu corazón. Si tu corazón ha decidido lo que quiere tienes que poner tu mente al servicio para que te ayude a conseguirlo. Corazón no es capricho, no es instinto, es algo profundo, que conecta con tu propósito, algo evolutivo. La mente no está para evaluar ni juzgar lo que quiere el corazón.

Cualquier excusa, objeción técnica, es una creencia limitante que tenemos que deshacer. Puedes aceptar una limitación temporal pero nunca una limitación definitiva.

Eres imparable, cuando tu propósito está en marcha nada lo puede parar, lo puede ralentizar pero no parar, acepta cualquier tipo de freno pero nunca una imposibilidad.

Conecta con lo que auténticamente quieres. Una vez vencido el saboteador y decides continuar tienes que seguir amplificando mentalmente, seguir decretando, seguir dando argumentos en positivo. Usa la energía de la mente a tu servicio para argumentar la necesidad, la viabilidad, la facilidad para poder conseguir aquello que quieres. El auto convencimiento sugestivo es positivo y funciona perfectamente.

Tienes que ser capaz de incorporar para siempre aquello que has razonado y has validado, si lo has validado a partir de ahora es verdad para tí. Tienes que usar esa energía mental a tu favor, usa la fuerza del saboteador a tu favor, ahora va a trabajar para ti y va a defender lo que le digas porque estás decidido a conseguir el resultado.

Ser optimista es ser un óptimo analista, es decir, es alguien que analiza la manera óptima de conseguir un resultado.

Desde aquí llegamos a la manifestación al mundo físico en forma de acontecimientos.

ESFERA FÍSICA

El primer paso aquí en lo físico normalmente es muy rocambolesco, no sabes cómo se va a manifestar en lo físico aquello que has decretado y suele aparecer de una forma que no esperas. La primera manifestación siempre es impredecible. El Universo encuentra recursos y maneras para que se de, por eso no tienes que pedir cómo quieres que llegue porque ya llegará. Lo tienes que dejar en manos del Universo. Tienes que ser firme en lo que quieres a nivel energético, coherente en lo mental y en lo físico suficientemente abierto para que te llegue como tenga que llegar. No te pongas ninguna excusa, ninguna objeción, el Universo ya se apañará para traer lo que hayas pedido si tu energía y tu mente y corazón están bien alineadas.

Lo que se manifiesta implica que tienes que interactuar en el mundo físico, es decir, lo tienes que trabajar. Has movilizado una energía y tienes que equilibrarla, que compensarla.

Ejemplo: quieres un trabajo y cuando consigues que te llamen, tienes que interactuar, presentarte a la entrevista...

Justo antes de que se materialice lo que has decretado hay momento de "novia a la fuga" porque puede que haya veces en las que estés muy cerca de manifestarlo y te vengan dudas, miedos, que aparezcan situaciones y obstáculos que te hagan dudar justo antes de que aparezca lo que has pedido. El saboteador va a intentar frenarte como sea, es muy importante que en ese momento no te eches atrás, aguanta el timón hasta el final. No aceptes excusas, has llegado muy lejos, no te eches atrás, no es el momento, ahí tienes que ser firme.

Todos los obstáculos aparecerán de golpe. Piensa bien lo que quieres y medita desde el corazón, si viene de ahí no hay objeción válida, tienes que ir hasta el final.

Los últimos pasos vas a tener que pelear, vas a tener que resistir.

Cuando eres capaz de superar esta amenaza que el mundo físico te va a traer en forma de presiones ahí llega el premio, se manifiesta en tu realidad y se consolida lo que has generado desde tu Yo Soy.

Si en lo energético y en lo mental lo has hecho bien no dejes que ahora pierdas la partida por tus miedos.

Una vez conseguido lo que has planteado tienes que asentarlo e incorporar lo que necesites hacer para mantenerlo. Ejemplo: decretar conocer una pareja, te llega y ahora tienes que trabajar para mantenerla.

Cada vez que asientes algo puedes reiniciar otro ciclo con más capacidad, pasar a otro nivel superior.

El último paso es la consolidación para poder empezar de nuevo aprovechando lo que ya sabes.

Hay un paso bisagra que te intenta frenar y es el sistema de control como la sociedad, las autoridades, la religión, la política, los científicos....

Tú eres el creador y dentro de ti tienes TODAS las respuestas, no hay nada que te falte. Desde dentro puedes generar los anzuelos energéticos para que te llegue todo lo que te tiene que llegar. Creas tu realidad desde dentro a fuera, desde lo energético a lo mental y a lo físico.

REGRESIONES

Creamos la realidad desde dentro hacia fuera de manera mecánica desde lo energético a lo mental y a lo físico. Se suele hacer de forma inconsciente, con este libro lo que pretendo es que aprendas a hacerlo de manera voluntaria y que todo lo que se genere en tu vida sea consciente.

Hay también experiencias pasadas incluso de vidas previas que pueden influir en tu subconsciente y hacer que repitas patrones muchas veces hasta que te hagas consciente de ello y lo sanes.

Con las regresiones puedes acceder a imágenes y a situaciones que en tu sistema simbólico tienen un significado. Por ejemplo: si sientes mucho miedo a ser abandonado es posible que al hacer alguna regresión vuelvas a escenarios donde fuiste abandonado e incluso puedes llegar a vidas pasadas donde tenías otro tipo de Avatar.

Según vayas haciendo regresiones van a ir mejorando muchos aspectos de tu vida. Hay libros muy interesantes al respecto, Raymond Moody, Brian Weiss...

Dentro de tu cuerpo energético están registradas las memorias del Ser que eres ahora. Igual que tienes una genética también hay una codificación en el CE pueden ser propias o de tus ancestros y eso se filtra a tu sistema de creencias por lo que puedes estar sobre reaccionando a cosas que ni siquiera has vivido en esta vida.

Con la regresión puedes acceder a contenidos que, independientemente de donde procedan y a quién pertenecen, están en tí y por eso tienes que aprender a deshacer el nudo, bloqueo que se ha generado allí liberando así la energía que te pertenece.

La técnica para hacerlas es muy sencilla, también puedes acudir a un profesional de las Terapias de Regresión si sientes que tú no lo vas a poder llevar a cabo.

Ejercicio:

1.- Crea una relajación y entra en meditación.

2.- Trata de buscar una emoción (miedo al rechazo, a la pobreza, a ser juzgado....) evoca una situación donde hayas sentido ese tipo de emoción negativa y en cuanto tengas esa emoción pregunta internamente:

¿Cuál es el origen de esta emoción? ahí te aparecerá una escena. Cuando estés allí sigue preguntándote:

¿Existe una escena previa en la cual se haya podido fundamentar esta emoción? si aparece otra escena ahí vuelves a preguntar:

¿Existe otra escena que sea aún más anterior? y así sucesivamente hasta que ya no aparezca ninguna anterior.

Imagina que después de ir a muchas escenas anteriores apareces que estás a punto de ser ajusticiado en la plaza del pueblo y fuiste ejecutado públicamente porque una seria de personas empezaron a acusarte, por eso en esta vida tienes un miedo atroz y desproporcionado a la crítica y a la acusación, debido a que eso en otra vida te llevó a la muerte.

Lo que ahora tienes que hacer es ponerte en esa escena de ejecución, revívelo y siente la emoción que surge y deshace esa emoción que ha quedado allí, si no lo haces seguirás reaccionando de forma desproporcionada a la crítica y a la acusación.

El CE también tiene que expulsar la porquería que tiene dentro, al igual que el CF si tienes un catarro tiene que expulsar los mocos, en el CE sucede lo mismo.

Tienes que vivir estas experiencias hasta el final y ahí empieza la sanación, la sanación es darte a ti mismo consuelo, darte una explicación. Al vivirlo te estás deshaciendo del bloqueo. Sólo con eso ya empieza parte de la sanación que es la expulsión de la energía que había quedado allí bloqueada.

Imagina que una vez que te han ejecutado ves el CE saliendo del CF, ahora a ese CE le vas a decir lo que ha pasado, se lo vas a explicar, y luego vas a darle consuelo. Le dices que la encarnación se ha acabado pero la energía sigue circulando y que no está solo, que estás ahí para ayudar. Puedes decir que esa experiencia ha servido de mucho, por ejemplo para deshacer algún tipo de karma... Mucho mejor si acompañas esto con una maniobra de tipo visual. Visualiza el CE, ahí encontrarás colores y manchas negras o grisáceas. Poco a poco conecta con ese color, la emoción que va asociada a ese color y la retiras, visualiza cómo lo arrancas y lo envías a la fuente (que se encuentra arriba a la derecha). Al eliminarlo le dices a tu CE: yo te quiero, yo te perdono... o lo que te surja a tí en ese momento, algo motivador, maternal, cariñoso.

Una vez que ves cómo el Alma se ilumina con un color blanco tienes que ver cómo ese CE empieza a flotar y va hacia arriba.

Puede que hayas visto una escena donde no estás muriendo, entonces una vez que reconstruyas esa escena tienes que ir al momento donde falleces y así trabajar sobre el CE ya fallecido. Siempre el trabajo final se hace sobre el CE ya fallecido porque el cuerpo está mucho más receptivo.

Si haces bien el ejercicio tienes que ser capaz de entender por qué ha pasado lo que ha pasado y saber consolarte. Tienes que desatascar las emociones que quedaron bloqueadas por eso habrá veces en las que tengas que hacerte muchas preguntas para poder entenderlo.

Al ir sacando los colores tienes que interaccionar con ellos, ver en qué parte del cuerpo se encuentra ese color y el por qué se encuentra ahí, dale consuelo y al finalizar con todos los colores puedes visualizar cómo le das un abrazo a tu CE, sellas ese cuerpo y te quedas con las experiencias, con los aprendizajes, con la sabiduría acumulada y con el ensanchamiento de tu consciencia.

También vale para dolores físicos, enfermedades, cualquier cosa se puede llevar a regresión.

Las emociones dolorosas cuando se atascan te impiden tener emociones positivas, si no te puedes enfrentar a las emociones dolorosas no vas a poder disfrutar de las positivas.

Todo lo que quieras hacer en el mundo energético te va a costar mucho más si no tienes sanada esa parte.

Te aconsejo que de Regresión en Regresión esperes un par de semanas para que la energía se ponga en su sitio y una vez pasado ese tiempo puedes seguir haciendo regresiones con todo aquello que quieras sanar.

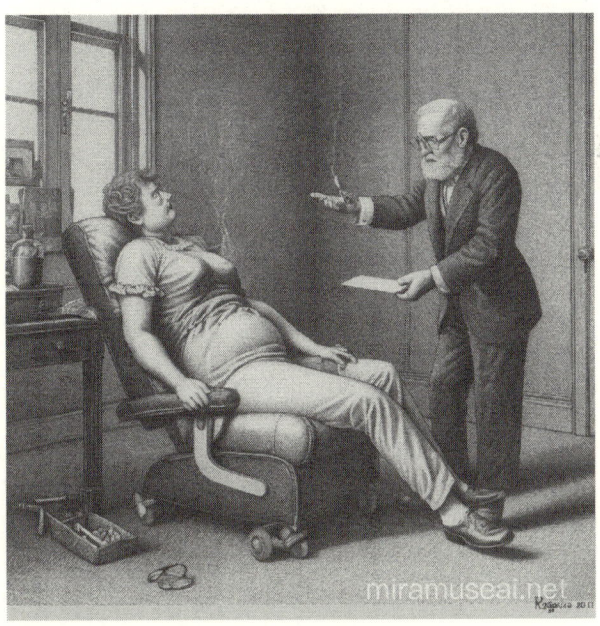

TÉCNICAS de SANACIÓN

Imagina que quieres ayudar a sanar a alguien, esta persona no tiene que estar físicamente contigo, pero vamos a imaginar que en esta ocasión sí lo está y está tumbada en la camilla. Si no estuviera físicamente puedes trabajar con un muñeco haciendo como si fuera su cuerpo, a esto se le suele llamar la cama cuántica.

Si la persona no está allí tienes que pedir permiso a su Yo Superior, tumba a esa persona en la cama cuántica y vamos a hacer cuatro tipos de abordaje diferentes: agua, aire, tierra y fuego.

Fuego: tienes a la persona/muñeco tumbada y visualizas sus nadis, sus autopistas energéticas. Imagina cómo una luz va pasando por esas autopistas y si en algún lugar no están circulando bien tienes que conectar con tu energía del corazón. Si generas en ti una sensación de plenitud, vitalidad, al acompañar el movimiento energético por sus nadis es más fácil desbloquear esas zonas, acompaña ese movimiento de la luz con palabras como: vitalidad, energía, fluidez.... Así estás activando ese CE, ahora la energía ya circula bien y por lo tanto estás vitalizando a esa persona.

Tierra: Busca pegotes, enganches, astillas, cosas pegajosas.... Saca todo aquello que has visualizado a través de los orificios del cuerpo. Puedes decretar: "si hay algo denso en este cuerpo, quiero que se me revele". Cuando lo veas imaginas cómo lo arrancas y lo sacas del cuerpo. Esto tiene un gran efecto sobre el CE de esa persona.

Aire: lo vas a ver representado en el Aura. Tienes que limpiar también ese Aura, ese envoltorio. Imagina que soplas un polvo estelar de colores y trata de hacer que brille ese Aura, desintoxica principalmente el área de la cabeza. Un aire que seca todo y al final tienes que ver cómo ese Aura está limpia, telepáticamente la puedes decir palabras positivas como: estás limpia, estás perfecta,

124

estás resplandeciente, tu mente está en estado óptimo, tu mente está lúcida...

Agua: representa el CE y los vínculos que ha generado con otras personas. Vas a mirar todas las emanaciones que salen desde principalmente desde el chakra corazón o sexual y los tienes que ir eliminando uno a uno. Incluso si ves que tienes un enganche con tu hijo tienes que eliminarlo porque eso no es saludable y no significa que vayas a eliminar el amor, eliminas sólo lo que no es saludable. No tiene que quedar ningún tipo de enganche. Si ves alguna entidad enganchada y no puedes quitarla concéntrate en ella e internamente decretas: "quiero ir al lugar de origen de esta entidad" y allí visualiza cómo la desenganchas. Puedes cerrar haciendo decretos como: "estás bien" "te encuentras perfectamente" "ya puedes conectar con tu Yo Superior"...

Puedes finalizar la sanación creando algún tipo de protección.

Y para estar seguro de que esa persona ya está mejor puedes ponerte en su lugar y preguntar: "¿cómo me siento?" si te dice que se encuentra bien, ya puedes dar por concluida la sanación.

Esto puedes hacerlo también con casas, con lugares, con objetos...

Ejemplo para una casa: lo mejor es tener el mapa de esa casa y te imaginas pasando por cada habitación, tienes que asegurarte que la energía circula, metes un tubo de luz blanca que va pasando por las habitaciones y si en alguna se bloquea y no puede seguir avanzando esa habitación tendrás que limpiarla. Imagina que pasas una aspiradora y vas absorbiendo la oscuridad. Si ves cosas enganchadas puedes imaginarte un portal el cual absorbe toda la porquería, un ácido que destruye todo lo malo....

Puedes acompañar todo esto con decretos, con visualizaciones poderosas... el testeo final es que si la luz blanca pasa bien por todos los rincones entonces ya está bien limpia esa casa.

Para cada persona los colores pueden significar cosas diferentes, aunque normalmente el color violeta es para desinfectar, limpiar. El dorado para empoderar. El verde para tranquilizar y relajar... pero como ya te he comentado quizás para ti estos colores tienen significados diferentes, lo mejor es que vayas probando.

Otra cosa que funciona muy bien es imaginar que tienes una varita mágica y con ella mandas luz. Si quieres quitar una entidad puedes imaginarte una espada de luz con la que la atacas y la sacas de ahí o las quemas con un lanzallamas.

Usa tu imaginación porque lo que estás haciendo en lo energético tiene una carga simbólica e intencional.

LAS DIFERENTES DIMENSIONES

Primera dimensión: es la parte inerte de la materia: un mineral, la sangre de tu cuerpo... Se relaciona astrológicamente con Aries (la energía en sí misma) y Piscis (la conciencia está durmiendo, el sueño).

Segunda dimensión: aquello que ya tiene actividad sintiente y autoconciencia: plantas, animales, todos los seres vivos. Relacionado con Tauro (ciclo de la vida) y Acuario (conciencia colectiva, ecosistema).

Tercera dimensión: es la mente autoconsciente. El sujeto ya es pensante. Son los humanos. Se relaciona con Géminis (lo intelectual) y Capricornio (percepción lineal del tiempo), es lo masculino.

Cuarta dimensión: es el cuerpo energético. La mente inconsciente. Por ejemplo: regresiones, canalizaciones...

Se relaciona con Cáncer (emociones, el inconsciente) y Sagitario (estar en el presente, estar abierto), es lo femenino.

Quinta dimensión: es aquel que tiene que ver con el Yo Soy. Relacionado con el signo de Leo (el yo) y Escorpio (lo genuino), es lo que Yo Soy llevado hasta el final, mi parte más genuina llevada hasta la última consecuencia.

La conciencia= poder= libertad= felicidad y satisfacción. Hay que buscar conectar con tu parte más sabia y al conectar con esa sabiduría las cosas empiezan a suceder cada vez mejor.

Como ya hemos comentado anteriormente hay saboteadores, fuerzas oscuras que tienes que vencer todo el tiempo. ¿Qué cosas hay dentro de tí que limitan tu exploración interna?. Sacraliza tu mundo interno porque ahí dentro tienes muchísimos recursos.

Hazte sanaciones, utiliza los decretos, di palabras positivas para ti mismo, mantras.

Hay más dimensiones, pero no voy a entrar en ellas porque sería un tema bastante complejo y con entender hasta la quinta dimensión es suficiente.

El cuerpo de duodécima es cuando entras en Samadhi.

En el mundo energético el código es la vibración. Tener intenciones evolutivas, buscar el bien propio y ajeno. Así podrás conectar siempre con la luz.

Ejercicio para la visión etérica:

Cierra tus ojos e intenta recrearte en la oscuridad, en lo más oscuro que haya, ahí empezarán a salir interferencias que son del mundo etérico.

Cuando estás totalmente enfocado en la oscuridad tu punto de anclaje se va a desplazar a otros lugares.

Tienes que estar mínimo tres o cuatro minutos y concentrar tu energía en el tercer ojo.

Cuando te concentras en no querer ver nada es entonces cuando las imágenes acuden a ti.

Esto es ideal para las personas a las que les cueste visualizar.

GEOMETRÍA DE LA CREACIÓN

En este apartado vamos a ver el proceso de creación de la realidad que ya vimos anteriormente pero ahora explicado desde la numerología y desde la geometría plana.

Número Uno, el punto: relacionado con el sol. Es el punto situado en el chakra corazón, se encuentra en el centro de cualquier entidad. Primero tienes que apelar a lo más auténtico que hay en tí, apelar a tu capacidad creadora. Decide desde tu centro, el lugar más poderoso que hay en tí.

Número Dos, la línea: ahí traza una línea recta hacia otro punto. Es el signo de Marte, donde pones tu atención, es esa línea recta que se suele ir desviando por el camino. Es un deseo, una intención que tienes.

Número Tres, el triángulo: es el signo de Venus. Es el objeto de tu deseo. Si Marte hace "match" con Venus produce una gran energía, motivación. Tampoco es idóneo poner tu energía en algo que te de gratificación muy inmediata, la dopamina que te produce el mirar el móvil... sino algo que la gratificación no sea tan inmediata para no saturarte de energía y pasar al otro extremo.

Al pedir al Universo estoy estableciendo un trueque, imagina que pides que quieres estar con alguien y lo deseas muchísimo porque tienes muchas cosas que compartir, lo que recibe el Universo es tu vibración de amor y de compañía que le vas a dar al otro y eso hace que vayas atrayendo a esa persona.

Si pongo la atención, que es el número 2, en algo que no me gusta la vibración va a ser muy baja y va a desgastarme. Si la pongo en algo que sí que me gusta tu activación energética va a ser mucha, vas a crear un superávit de energía, te vas a activar, a motivar.

Así que intenta poner tu atención en aquello que te motive o en un futuro motivador. En este paso creas una frecuencia vibratoria.

Número Cuatro, el cuadrado: es la Luna. La frecuencia vibratoria creada en el paso tres aquí se convierte en emoción. Es tu mundo interno, empieza a hacer a pequeña escala aquello que quieres a gran escala. Empieza a pensar y sentir en este paso como si ya tienes lo que quieres conseguir. Y lo vas incorporando a pequeña escala. Es la imaginación, hazlo real aquí y no seas tacaño, imagina todo lo que quieras a lo grande.

Número Cinco, el cuadrado con un punto en medio: es el punto de observación.

Es Mercurio, la capacidad para observar tu propio psiquismo, tu mente, el pensamiento. Lo que sientes influye en lo que piensas. Si vibras muy fuerte en el paso tres y también sientes mucho en el cuatro, entonces lo que verás en el paso cinco estará muy bien razonado. Es el momento de las objeciones, si no consigues meterle suficiente potencia emocional te entrarán las dudas y el circuito de energía que creaste en el paso cuatro se empezará a frenar. El objetivo aquí no es que la mente se ponga en plan filosófico o científico, sino que se ponga a trabajar para ti y sea subjetiva, que defienda tu deseo. La mente tiene que actuar a tu favor. Si ves que la energía se topa con un muro le das la orden de que busque otra salida, eres un creador de realidad.

Si no eres capaz de defender tu deseo vuelve a empezar y plantear bien aquello que deseas pero no pongas después trabas.

En este punto cinco vas a ver todas tus pensamientos limitantes.

Número Seis, el hexágono: son dos triángulos, dos trígonos por donde la energía fluye fácilmente. Es Júpiter, una conclusión, una creencia, una verdad. Si ya doy algo por verdadero la energía empieza ya a moverse, es la expansión. Es un circuito de energía que funciona perfectamente. Todo lo que codificamos como verdad va a hacerse realidad, se hará realidad en el siete. En este punto tienes que actuar como un guerrero, Quiero esto porque me pertenece, porque lo deseo, porque me lo merezco... no es tiempo de filosofar aquí si me puedo equivocar pidiendo eso, si tengo que pensar en los demás.... aquí tienes que tomar las riendas y actuar con decisión. Aquí estás creando, eres el guionista así que puedes hacer lo que quieras.

Cuando esa energía se expande tanto, surge un punto en el hexágono que rebosa y ese punto es el siete.

Número Siete, Hexágono con un punto afuera: es muy inestable y tienes que tomar rápido la oportunidad para aprovecharla. Es como abrir un portal dimensional. Es la manifestación de eso que has pedido. Resulta de unir la mente con la materia.

Número Ocho, dos cuadrados: Es Saturno. Un cuadrado te representa a ti y el otro representa lo de fuera. Tienes que acoplar los dos mundos, esos dos cuadrados que a veces encajan perfectamente o puede que haya fricciones. A estas fricciones se le llaman negociaciones, por ejemplo has conseguido ese trabajo que decretaste pero tienes que negociar el sueldo porque no lo terminaste de especificar muy bien.

Todo lo que en tu mundo interno no estaba muy bien especificado el Universo te da lo que puede, lo que cree y ahí tendrás que hacer esos acoples.

Cuando puedes acoplar y superponer esos cuadrados, lo de dentro y lo de fuera, te lleva al nueve.

Número Nueve, un octágono con un punto en medio: es Plutón. Al acoplar dos realidades tienes un punto en el centro que es lo esencial, la esencia de las cosas. Aquí aparecen todas las complicaciones, objeciones y dificultades de golpe, aparecen para ver si realmente puedes colocarte en ese centro. El nueve conecta con el uno, el centro, lo que tú eres y ahora lo ves reflejado en una realidad que se mueve.

Si eres capaz de mantenerte bien justo en ese centro bien anclado pasarás la prueba y todo se estabilizará. Este ya es el paso al diez.

Número Diez, un decágono: cuando te has mantenido en ese centro y no te has dejado llevar por las turbulencias se produce la cristalización, ya finalmente se codifica y densifica una situación real, una estructura real y nos recoloca. Es una estructura estable y sirve para colocar otra vez ese uno en el medio. Te tiene que colocar en un lugar en el que te sea más fácil ser tú mismo y volver otra vez al uno.

Crear el paso diez es configurar un escenario de vida en el que tengas más facilidad y menos resistencias para poder ser tú mismo y poder reiniciar este proceso uno y otra vez.

Es aquí donde la vida te conduce para que seas la mejor versión de tí, para que puedas ser tú mismo de verdad.

16. BLOQUEOS Y CONFLICTOS. ¿CÓMO DESHACERLOS?

La energía se bloquea por las dudas, autosabotajes, traumas... es decir, debido a tu propia configuración. Y puede circular bien cuando la haces cambiar de estado. Por ejemplo: el ciclo del agua: del estado líquido de ríos o mares pasa a gaseoso por el calor, se condensa en las nubes, allí se enfría y vuelve a caer al río y al mar en forma de lluvia. Cuando está corriendo en el río es una energía en movimiento, es el elemento fuego. Ese agua al llegar a un lago o mar se apacigua, la energía ha llegado a su fin, es el elemento agua. Luego cuando se evapora está en el elemento aire y esa energía se expande.

Cuando esa energía se enfría, se condensa, cae en forma de lluvia y ese es el elemento tierra.

El orden es: Fuego, Agua, Aire y Tierra, este es el ciclo de la manifestación.

La energía de Fuego hay que acotarla con el Agua para que me dirija a donde quiero para dirigir el fuego, una parte se evapora para observar desde arriba y así acabar de acotar mejor esa energía, se necesita un plan de acción que te lo da el Aire. Aquí existe el riesgo de dispersarse en muchas posibilidades por lo que hay que ordenar esas nubes y ahí al condensarlo se produce la manifestación que es el agua que cae en la Tierra.

Ejemplo: imagina que quieres mejorar tu cuerpo y empiezas a desear hacer dieta, ir al gimnasio, hacer mucho deporte... pero va pasando el tiempo y te vas desanimando, esto ocurre porque no has acotado bien, ¿por qué quiero esto? me estoy saltando el agua.

Tengo que entender por qué lo hago de forma que sea compatible con tu manera de ser, si odias ir al gimnasio entonces ese deseo de fuego no ha conectado con tus verdaderos sentimientos, por eso te vas a ir desanimando, no has sido capaz de seducirte a ti mismo. Desde el fuego tienes que ser capaz de proyectar los deseos que tienes de forma que sean compatibles con tu personalidad, a tu manera, eso es conectar con el agua. Tienes que conectar tu Sol con tu Luna. No es pereza ni procrastinación, es sólo que no has conseguido seducir a tu niño interno, no has conectado con tu Agua.

Imagina que ya has conectado con ese Agua, este se puede saturar si te desvias o afloran en ti sentimientos anclados de tiempo atrás, tu mochila que no has sanado, los traumas, situaciones sin resolver, energías frustradas, que no llegaron a ningún puerto por lo que esta energía está estancada y bloqueadas y no suceden cosas en tu vida porque nunca has sanado esos traumas.

Aquello de lo que no quieres hablar es una energía estancada y ésto de puede llegar a desvitalizar porque es una energía que tú tienes pero que no está siendo utilizada.

Imagina que tienes 100 puntos de energía pero de esos 70 puntos están estancados en la energía de Agua, en tus traumas... entonces cada día sólo cuentas con 30 puntos. Por eso al avanzar en edad más traumas tienes, más energía atrapada y menos energía libre, de ahí viene el cansancio general, el envejecimiento de mucha gente al ir cumpliendo años.

Esa energía se puede desatascar en un momento en el que te sientas tranquilo. Tienes que analizar y explicar a tu niño interno lo que ocurría en los momentos en los que te sentías mal, haz la explicación lógica, racional y narrativa de esa situación. Y da una salida digna a tu niño interno.

Imagina que estás dudando en algo que has decretado, ahí tienes que preguntarte: ¿de qué tengo miedo? ¿qué está pasando? verbaliza y expresa todo lo que pase por tu mente, tus discursos justificativos… igual lo que tienes miedo es de intentarlo y no conseguirlo. Pasa a palabras lo que sientes para poder darle una salida inteligente, si no lo pasas a palabras no te dejas ayudar a ti mismo, es igual que si quieres ayudar a alguien que no te dice lo que ocurre es muy difícil que le puedas ayudar.

Puede que al acotar el fuego, los deseos, sientas una presión, un miedo, un vacío, ahí tienes que empezar a sutilizar y evaporar esa energía. Eso se hace a través de la mente, la mente dispersa todo. Te interesa dispersar esa energía si se ha convertido en algo espeso, denso, para poderla evaporar, dispersar, tienes que ponerla conceptos, palabras, humor, perspectiva para que esa energía se vuelva más sutil y vaporosa.

El aire ve las cosas desde muchos puntos de vista y es necesario para poder salir de esa burbuja densa que es el agua estancada, se necesita oxigenar. El aire te da la estrategia de cómo conseguirlo. Este elemento se satura cuando se abren demasiadas posibilidades. En el aire siempre aparecen las dudas pudiendo caer en la llamada parálisis por análisis.

Para salir de aquí tienes que conectar con el elemento tierra que es el que descarta las opciones que no son válidas o que son poco funcionales o muy alejadas de tu ser. Tienes que buscar la mayor concentración de energía para desbloquear el aire.

La tierra es la energía que ya está densificada en tu vida, es decir, la pareja que tienes ya, donde vives ahora…

Con el Aire tienes que intentar "que llueva" encima de un lugar donde ya tienes terreno hecho o al lado de este terreno, es más complicado si te vas a un lugar muy alejado de lo que es tu realidad actual.

Por ejemplo, imagina que eres mago y ahora estás pensando entre hacer un curso de magia online para vender o hacerte policía. Quizás ambas cosas te gusten por igual pero vas a necesitar mucho más tiempo y energía en estudiar las oposiciones de policía, aprobar, sacarte licencia de armas... que ponerte a grabar un curso de magia que ya conoces todo. Es más fácil ese terreno de la magia que el terreno de ser policía porque ya estás en esa energía actualmente.

Te va a costar mucho más conseguir aquello que está mucho más alejado de tu experiencia actual. Intenta aprovechar lo que ya tienes construido, no empieces algo desde cero para que no te cueste tanto energéticamente. Usa siempre lo que tengas más fácil para que la energía se manifieste de una forma mucho más rápida.

Una vez que empiezas a manifestar ahí no acaba el camino, ahora tienes que empalmar la tierra con el fuego. Hay veces que tenemos la vida ya tan densificada, tierra, que es imposible poner algo más ahí. Es decir: alguien que realmente quiere hacer un curso de magia para vender online, pasa por el elemento agua, aire y tierra, pero ahora se da cuenta de que debido a su trabajo, a los tres niños que tiene que cuidar, al gimnasio, a las clases de salsa.... no tiene tiempo para meter otra actividad más en su vida, para disolver esto se usa el fuego que es el valor, echarle ganas, aprovechar todo aquello que sí puedes hacer. Quizás puedes dejar a tus hijos con su padre todos los miércoles y aprovechas ese rato para hacer el curso de magia.

Haz lo que quieres hacer tomando otra dirección, siempre tenemos la idea de que para llegar de A a B hay que ir por un camino ya hecho, y el fuego te dice que hagas ya lo que puedas hacer ahora mismo, que no esperes a las reglas o normas, que te pongas a caminar aunque sea por fuera del camino. Busca alternativas.

Usa lo que ya está densificado en tu vida actual, que los objetivos que te marques no se desvíen demasiado para que no te cueste tanto poder manifestarlo.

El orden para la creación es pasar de: Fuego al Agua, Agua al Aire y del Aire a Tierra, Tierra a Fuego y nuevamente del Fuego al Agua.

Muchas veces la energía se puede paralizar, dispersar o desviarse. Normalmente se paraliza en el Agua y Tierra, se dispersa en el Aire y se desvía en el elemento Fuego.

Básicamente pasar de una energía a otra es hacer Alquimia. Fuego es la acción, cuando quiero activar, Agua es mirar hacia adentro, delimitar, encauzar esa energía activada en el fuego , Aire es mirar hacia fuera, analizar, examinar, abrir opciones y Tierra es delimitar, descartar, cristalizar. Una vez cristalizada vuelvo otra vez a activar con el fuego.

CONFLICTOS

Es muy fácil quedarse atascado en el circuito de la energía (Fuego-Agua-Aire-Tierra-Fuego) normalmente en aquel que más dominas y que te cueste mucho pasar al siguiente.

Para evitar esto voy a ir nombrando cada elemento y qué hacer para quitar ese atasco.

Fuego: es el inicio de la acción, es la dirección de vida. Tiene que ver con estar en tu centro. Imagina que tu meta es ser feliz, entonces la felicidad será poder ser tú mismo y estar en perfecta coherencia energética.

La felicidad es un viaje externo que luego tiene una introspección. Requiere de experiencia y de ser uno mismo en esa experiencia. La base de conflicto es alejarte de tus metas centrales y quedarte perdido en metas periféricas cada vez más alejadas del centro, a esto se le llama "estar perdido".

Todos tenemos muchas metas y la mayoría son inconscientes por lo que nos desvían de la meta principal.

Ejemplo: mi meta es que quiero ganar mucho dinero, empiezas a pensar cómo hacerlo rápidamente y quizás te aparezca robar un banco, pero ahí eso no vibra contigo, por lo tanto incorporas un valor a tu meta, ganar dinero de forma honesta. Quiero dinero pero no a cualquier precio y así vas acotando y definiendo mejor lo que quieres. Un conflicto es cuando nuestra meta se desvía constantemente, cuando otros objetivos secundarios empiezan a ponerse los primeros. El primer conflicto aparece cuando niegas cosas que realmente quieres porque no has encontrado el camino para que se exprese.

Nunca niegues tu deseo porque es la causa de casi prácticamente todos los conflictos internos y externos.

Si quieres pareja y crees que ya no la vas a encontrar porque no ha aparecido como tú querías, es fácil decir que ya no quieres pareja pero en lugar de negar tu deseo lo que tienes que hacer es ir al paso de decretar y hacerlo mejor, poner todas las características que quieres que esa persona posea para que así cuando te aparezca no te frustre el hecho de que no es como tú la querías.

Cuando tienes discusiones con otras personas el principio que se manifiesta es el mismo. Cuando te sientes agredido salta tu sistema defensivo, cuando los demás te insultan lo que están intentando es sacarte de tu eje, de tu objetivo principal porque ahora lo que te interesa es defender tu honor, de que tu punto de vista es razonable y al final tienes otro objetivo. Al principio tu objetivo era dar tu punto de vista de forma elocuente, ingenioso… pero al sentirte agredido ahora tu objetivo es defender tu honor.

Ahora la energía está dirigida a tu honor y quizás empiecen a sacarte discusiones de cosas pasadas. Ya la gente se ha olvidado del punto del debate, hay un gran desvío del punto original. Todas las discusiones empiezan y terminan de esta manera. Se van saliendo, alejando progresivamente del eje central.

Energéticamente es apropiado contestar intentando volver al primer punto para encauzar de nuevo el diálogo pero de forma que no diga abiertamente que voy a volver al primer punto. Por ejemplo si digo: venga que haya paz, vamos a dejar de pelearnos...esto pone más la atención en que existe un conflicto, con lo cual ponemos más energía allí. Por lo tanto, lo mejor para acabarlo es ignorarlo y hablar de otros temas. O centrarse sólo en los argumentos técnicos y no en los personales de la conversación.

Nunca digas que vas a reconducir el tema porque entonces el otro sentirá la acusación de que es él quien ha desviado la comunicación y entonces empezará a defenderse.

Para re conducirlo hay que ignorar las agresiones, haz como que no hubiera dicho lo que dijo y vuelve con la conversación al punto original. Vuelve con la conversación al punto original ignorando todo aquello que nos desvíe del objetivo: ¿quién empezó?¿ quién dijo qué?.... en el caso de que quieras solucionar el conflicto.

Si tu objetivo es tener la razón entonces olvídate de eso que te he dicho, ahora el objetivo es diferente, no es tener una diálogo elocuente, sino tener la razón.

Lo que nos cabrea realmente es que nos hemos ido desviando del objetivo original por lo que tenemos que re conducirlo poco a poco sutilmente para volver al momento original sin repasar lo que ocurrió.

Después del Fuego viene el Agua. El Fuego es cálido (+) y seco(-), el Agua es fría (-) y húmeda (+) por lo que al pasar al elemento agua pueden aparecer las lágrimas que es lo húmedo, la persona se resiste a llorar y llegar al Agua y por eso se sigue calentando, la discusión sigue y se calienta cuando no queremos llegar al Agua. Para acabar con una discusión hay que enfriar, con lo cual hay que evitar los puntos calientes.

Cuando uno llega a su meta se enfría, cuando acabas de comer te enfrias y te relajas, te humedeces, te sensibilizas. Empatizar con el otro es humedad, cuando estás en el Fuego estás defendiendo lo que sea. Por eso hay que aprender a enfriar la situación, no decir nada puede ayudar a enfriar.

Los enfados se producen con uno mismo cuando nos alejamos de la meta de ser feliz. Tu energía se sobre calienta porque te estás alejando de tu meta, entendiendo la meta como el elemento Agua, la sensación de paz, de felicidad que quiero alcanzar.

Cuando eso se alcanza se empieza a consolidar el Agua.

A veces tus objetivos pueden colisionar con los objetivos de otros, por ejemplo si quieres ganar al ajedrez el otro tiene que perder para que tú ganes.

El truco es nunca concentrarse en el aspecto concreto que quieres conseguir, no lo pierdas de vista pero te interesa rodear lo que quieres conseguir. No te concentres solo en la victoria sino en las debilidades del rival, concéntrate en estar lúcido, en estar calmado... sin olvidarte de que tu meta es ganar pero sin concentrarte en ello porque si no te generas a tí mismo una presión insuperable. Los objetivos complejos se consiguen de manera indirecta, tienes que mantener claramente en tu mente indirecta el objetivo principal y en tu mente directa todo lo secundario.

Si tu objetivo es ser feliz lo que tienes que alcanzar es sucedáneos de felicidad cada día, cada día date pequeños placeres y los vas a saborear al extremo, así lo que haces es agregar paquetes vibratorios de felicidad, de placer.

Vas acumulando impactos positivos y de esta forma atraes la buena suerte la cual es un flujo de energía que viene de tí, emana de tí, de tu fuego.

Todas las energías son contagiosas por lo que intenta rodearte de lo bueno y positivo.

Si metes la mente solamente en el objetivo, lo saturas de energía y se bloquea, por eso hay que ponerla en lo periférico y esto te llevará a tu meta. Aquí ya conectas el fuego con el agua, vas consiguiendo pequeñas victorias, pequeños ladrillos de felicidad.

Cuando el Fuego se enfría pasamos al agua y te vas relajando, humedeciendo y sintiendo cada vez más y llega un momento en que puedes empezar a llorar y abrumarte llegando a sentir un malestar físico, como por ejemplo dolor de cabeza, aquí lo que ha ocurrido es que te has abrumado de sensaciones. En el momento en el que estoy sintiendo tengo que ir desglosando y fraccionando todo lo que voy sintiendo, tienes que ir explicandotelo a ti mismo, de forma técnica, como si lo describes para un juicio, de una forma aséptica, el Aire es caliente(+) y húmeda(+), sin perder la humedad, la sensibilidad, empiezas a calentarlo para no entrar en drama, en creencias limitantes.

En este paso del Agua al Aire es donde ocurren y se dan las creencias limitantes cuando no sé hacer el paso de forma correcta.

Si empiezas sentir de forma neutra y a buscar un aprendizaje y un sentido a esas emociones, entonces ya saltas de una forma inteligente, esta es la inteligencia emocional cuando te das cuenta de que esa tristeza, impotencia... te sirve para algo, todo es útil, es energía que tienes para tí, si te sientes impotente en algo te sentirás potente en otra cosa, por lo que te puedes preguntar ¿qué puedo hacer para no sentirme impotente en esta situación? y razona por qué te has sentido impotente y piensa si era objetivo lo que estaba pasando, quizás te devuelve a tu humildad, te recuerda que aún tienes cosas que aprender... así que recréate en esas sensaciones y aprovecha esa energía que se ha acumulado en ti, aunque sea de impotencia. Tienes que transmutarla en aprendizaje, calientala y úsala porque ahora tienes un registro que antes no tenías.

Cuando lo vas examinando con más frialdad, la emoción se va, por eso mucha gente empieza a hablar, "se desahoga" porque cuando estás en el agua te ahogas, levantas la cabeza, respiras, tomas aire y te desahogas.

En el aire empiezas a pensar y a llegar a conclusiones. No te olvides de tu objetivo, cuando estás en el agua pasándolo mal no te puedes olvidar de que lo que estás sintiendo es la relación a un objetivo y no dejes de tenerlo en cuenta ni te olvides de él. Saca conclusiones de lo que ha ido bien y mal. Aquí empalmamos el Agua con el Aire y el Aire con la Tierra. Cuando llegas a la Tierra significa que te quedas con algo útil y práctico de todo lo que estás pensando, los pensamientos en el elemento Aire tienden a dispersarse en todas las direcciones pero de ahí intenta ir siempre hacia la Tierra porque tu objetivo siempre está abajo, la Tierra significa que de todo siempre puedes sacar algo útil y aprovechable. Eso es pasar del Aire a la Tierra y pensar con sabiduría e inteligencia. Usa tu potencia mental a favor del objetivo, tengo una experiencia y me he aproximado un poco más a mi objetivo porque he conseguido algo, experiencia, lo que sea, convierte las ideas en ladrillos.

La Tierra es fría(-) y seca(-) y es tu territorio base, tu estabilidad. Ahora lo que tienes que hacer es enfriar todas las ideas vaporosas, concentrarlas en el punto más lógico, más fácil y las enfrías de golpe, al enfriarlas se convierten en el resultado, la manifestación. Puedes estabilizar, densificar todo lo que quieras, hay veces que si densificas demasiado luego eso no permite tu movimiento y quizás tengas que volver al Fuego para desestabilizar, por ejemplo si manifiestas muchas casas y luego quieres mudarte a otro país eso quizás no te permita hacerlo porque tienes demasiadas hipotecas que te atan al sitio donde vives.

Todo es progresivo, vas acumulando piezas día a día, no ocurre todo de un día para otro.

Para pasar de la Tierra (fría y seca) al Fuego (calor y seco) hay que agregar calor, si calentamos demasiado deprisa podemos quemarlo, por lo que el calentamiento debe ser progresivo para que alcance el calor exacto y suceda poco a poco.

Tienes que mover la energía armoniosamente. El paso de la Tierra al Fuego lo que nos está diciendo es que cualquier paso que tengas que dar lo puedes dar ya hoy para ir acercándote poco a poco.

17. CÓMO USAR LA ENERGÍA PARA ATRAER LO QUE DESEAS

Todos tenemos una burbuja de realidad donde la parte interna es la experiencia subjetiva y la parte externa es la interacción con el mundo exterior.

Tu forma de ser crea un flujo de energía creando un exceso y un déficit. Por ejemplo, si eres muy fuerte creas un exceso de fuerza que rebosa fuera de la burbuja y sale hacia afuera y crea déficit de debilidad y atraerá gente y situaciones que requieran de esa fuerza. Vas a atraer aquellas situaciones o personas que requieran lo que a ti te sobra porque en el Universo todo funciona por intercambios.

Vamos a profundizar un poco más en esto porque seguro que ahora te preguntas:

pero...¿ porqué atraigo conflictos, cosas negativas...? Bueno lo primero que tengo que decirte es que desde el momento de nacer ya traes un valor de partida, atraes lo que los demás desean en tí. Los adultos que hay a tu alrededor ven en ti un potencial, quieren que te conviertas en cosas que son interesantes para ellos y por ello invierten en ti. En función de lo que demuestres vas a atraer a unos o a otros, si demuestras tener una gran capacidad de servicio, la gente que anhela gente que le sirva irán a ti como moscas a la miel.

Puede que atraigas a personas conflictivas por varios motivos:

1.porque te ven como una presa fácil a la que ganar, con lo cual eres como un trofeo para ellos.

2.porque tienes un perfil terapeuta.

3.porque eres alguien con una gran capacidad diplomática y estas personas buscan consejo, apaciguamiento, algo que les calme.

Emanamos algo que el otro quiere, o tu falta de oposición o tu oposición pero con capacidad para vencer o bien piden ayuda de algún tipo.

Cuando atraes situaciones conflictivas como enfermedades, accidentes... los eventos tienen algo que nosotros necesitamos, necesitan algo de nosotros y nosotros también de ello. Cuando te pasa algo que no querías normalmente lo que hace es moverte hacia tu objetivo, hacia el más importante que tienes.

Si por ejemplo vas al cine a ver una película de ciencia ficción es probable que allí te encuentres con otros aficionados a la ciencia ficción.

Cuando tienes un déficit de alguna cosa y quieres algo, en ese momento has puesto en marcha tu energía, el destino te va a dar todas las herramientas que necesitas para conseguir ese objetivo.

El Universo te trae las personas y circunstancias que te acercan a lo que quieres conseguir. Lo que crees que es "malo" te está acercando a ese objetivo que quieres conseguir.

Todo lo que quieres el destino te lo va a poner cerca para que puedas llenarte de todo lo que te falta. Gente que esté en sintonía contigo.

El alimento energético es lo que obtenemos de las interacciones. Imagina que estás en una isla desierta, primero buscas un sitio con recursos para poder dormir y descansar. Luego buscarás el lugar más fértil para poder plantar y sembrar, así estarás en armonía con el sistema. Buscamos interacciones armoniosas con el entorno.

Lo que hace que una relación se mantenga en el tiempo es que estructuralmente seamos capaces de crear intercambios permanentes (algo que a ti te falta a mi me sobra y viceversa) además de tener objetivos comunes, y que busquemos una actividad externa que a ambos nos guste y nos nutra, para así nutrirnos desde algo de fuera y también desde dentro el uno con el otro.

Cuando buscas una actividad desde muchos ángulos será más estable que si buscas algo sólo desde un ángulo, algo muy concreto, es mucho más posible que no suceda.

La satisfacción está en buscar de una forma mucho más multifactorial dentro de cualquier fenómeno u objetivo de tu realidad.

La estabilidad en la vida se crea cuando hay una armonía multinivel hay múltiples factores que están uniendo y permitiendo que se enlacen energéticamente esos dos puntos. Estabilizo un trabajo cuando hay muchos puntos de unión y dura poco cuando hay pocos puntos de unión.

Por ejemplo, si me invitan a un grupo de amigos con los que tengo pocos puntos de unión va a ser raro que eso funcione. Cuantos más puntos de unión energéticamente, más fácil será para que esto cuaje o fructifique.

Tu realidad está compuesta por diferentes niveles o campos de interacción energética, egregor.

Por ejemplo, la política es un campo energético que ya está viciado, hay muchos pensamientos de mucha gente respecto a ello, hay un excedente de energía brutal en ese campo y también una gran demanda de energía como buscar en la izquierda o en la derecha una serie de cosas, enriquecerse, sobrevivir... está todo tan viciado que al entrar allí vas a generar conflicto si o si con alguien, es casi imposible que no lo generes.

Si entras en un campo de realidad es fácil que seas arrastrado, lo ideal es que pudieras entrar en ese campo, permeabilizarte respecto a él y considerar los puntos de vista sin perderte y mantener tu eje, ese es el objetivo, que puedas empatizar y conectar pero no perderte. Pero si entras en ese campo de realidad vas a ser permeado por el y vas a atraer eventos y situaciones relacionadas con ese campo de realidad. De ahí lo que comentamos antes de que ya solo al nacer entras en una sociedad y en un sistema en el cual aunque a ti no te interese la política, a la política sí que le interesas, aunque no te interese la economía, a la economía si que le interesas. Por eso, por el mero hecho de existir vas a atraer muchos eventos.

Cuando entras en un trabajo nuevo te vas a comer toda la burbuja de realidad que ya está allí, tendrás expectativas para ti... porque al llegar allí ya tienes un excedente de algo y situacionalmente tienes un exceso de algo.

Tienes que saber lidiar con todo aquello que atraes al estar en un lugar determinado.

Para salir bien de las situaciones lo primero tienes que hacer es ser permeable y conocer las reglas de ese campo, conocer bien cómo funciona, comprender ese mundo sin perderte a ti mismo.

Esas reglas no son definitivas, son a las que se ha llegado en ese momento y en ese lugar. Los referentes son las informaciones que ya hay en el campo colectivo, pero tú puedes crear tu propia realidad y por lo tanto llegar a una versión más armoniosa que la que te has encontrado.

Si te crees esos referentes, puede que te sientas frustrado, pero si vas allí abierto a comprenderlos y abierto a crear tu propia realidad y caminos, ahí es cuando no te dejas arrastrar por la realidad que viene desde fuera. Al responder de forma armoniosa empiezas a crear en tu estructura de realidad un molde nuevo y lo vuelcas en el colectivo, así cuando vayas a crear tu realidad vas a encontrar caminos que ya tienes dentro y que ya sólo tienes que replicarlos.

Crea tu propio egregor mental de lo que es tu vida, de esta forma empiezas a crear caminos que te ayudan a llegar a tu meta replicando la estructura que está en tu campo mental en lugar de copiar la de otros.

En resumen, para atraer eventos venturosos tienes que armonizar tu campo mental.

Cuando repeles algo y sale rebotado es porque te sobra tanto internamente de eso en tu burbuja de realidad que no puedes absorber más. Si te sobra fuerza no vas a atraer personas fuertes a tu vida porque no las necesitas ni tampoco las puedes asimilar.

Ejemplo: si no toleras un alimento es porque no lo puedes asimilar, no lo puedes absorber, la forma de hacerlo es entender a qué tipo de actividad psicológica se corresponde esto que no puedes asimilar, por ejemplo si eres intolerante a la lactosa todo lo que tiene que ver con el arquetipo materno seguramente tienes demasiado de eso que estás saturado y no puedes más. Por eso necesitas algo que la compense y que la gaste para que puedas absorber más. Tienes que aprender a vaciarlo, a gastarlo, a intercambiarlo para poder otra vez volver a absorberlo.

Ejemplo: no te llega dinero porque no lo intercambias por algo que el que tiene dinero te lo quiera cambiar, qué es lo que ofreces tú que el otro quiera. Lo que te falta y quieres que llegue a tu vida tiene que ser intercambiado por algo que te sobra. Lo que no te llega es porque ya tienes demasiado.

149

Lo que te falta es porque te has desequilibrado en algún lugar, no te preocupes, jamás estamos en equilibrio y neutralidad perfecta, sólo ya por el hecho de ser hombre o mujer ya tenemos más de una energía que de otra.

Así que en resumen, en esta realidad vas a buscar aquello que te falta y vas a atraer personas que les falta lo que a ti te sobra.

18.- MÁRKETING ENERGÉTICO

Antes de nada quiero decir que con los ejemplos que voy a poner no quiero herir la sensibilidad de nadie, para nada, no es mi intención, lo hago para que entiendas mejor la dinámica, es muy buen ejemplo trabajar con las energías macho y hembra en el contexto sexual, así todo el mundo puede entenderlo fácilmente.

Vamos a tener en cuenta estas dos figuras:

1.- Vendedor: representado por la energía femenina, la hembra.

2.- Comprador: la energía masculina, el macho.

En la dinámica sexual el que vende es la hembra y el que compra es el macho que es el que normalmente desea el sexo con la hembra porque el cuerpo femenino normalmente tienes más "valor sexual" que el masculino.

Esta es la base del márketing. Hay un producto que genera compradores, tienes que convertir tu producto en una hembra, tener la calidad suficiente como para que surjan compradores. Mientras nadie quiera comprar lo que tengo salir al mercado puede ser una apuesta ciega.

Vamos a imitar a la naturaleza. Imagina un comprador prototípico(macho), va a hacer lo que esté en su mano para conseguir un producto(hembra).

Ahora imagina una hembra muy inaccesible, una hembra que tiene un cuerpo muy bonito, es muy inteligente, educada, dulce, simpática... es un buen "producto" pero es inaccesible lo cual el valor del mercado sexual de esa hembra crece mucho. Primero porque ya había demostrado valor por su buen cuerpo, su forma de ser... pero además de eso porque dice que por mucho que el macho haga, por mucho dinero que tenga no está en venta.

Entonces el macho piensa que necesita más dinero y más valor para poder acceder a ese "producto" debido a que no capta la idea de que sea inaccesible, para él eso significa que el precio es más alto de lo que puede pagar en este momento y por eso piensa que tiene que ganar más dinero, más valor, más condiciones para conseguirla.

Primero hay que pensar que el marketing que se enseña está invertido, se dice que un vendedor se debe ofrecer a los demás y eso no es así. Lo principal en el márketing es saber qué cosas puedo demostrar.

En el ejemplo anterior, la hembra puede demostrar su valor a través de su cuerpo bonito, su simpatía.. aquí ya hay algo que es incontrovertible, la hembra para asegurarse que el comprador no le va a engañar tiene que saber poner filtros para asegurarse que el comprador tiene ese nivel económico.

Lo primero que tienes que hacer es crear un producto de calidad demostrada, algo que se pueda ver y que sabemos hacer bien.

Ejemplo, acabas de salir de un curso de cocina que te ha gustado mucho, pero ahora no es el momento de lanzar una web ni nada, tampoco decir a los amigos, familia que si quieren que les hagas una tarta. No les conviertas en machos. Lo puedes comentar si estás hablando en una reunión con amigos, sale en la conversación que has hecho un curso de cocina y lo dejas ahí.

Quizás con el tiempo resulta que un amigo tiene una fiesta de cumpleaños, necesita un catering, se acuerda de lo que comentaste y te pregunta si puedes cocinar para él. Ahora sí, ahí apareció el primer macho. Valora si te apetece o no. Haz que sea el otro el que demuestre un verdadero interés. No le des a alguien algo si no lo ha pedido con verdadero interés.

Cuando tu producto (que es la hembra) va ganando en calidad y en fama habrá un momento en el que tendrás más demanda de la que puedas abarcar.

No hay que ir con prisa, hay que crear un modelo de negocio sólido, cuando existe una demanda es cuando empezamos a poner precio a nuestros productos y a nuestros servicios. Pon un precio que sea razonable para tí.

Primero lo hago a un precio más barato para que se dispare la demanda y luego en el momento en que no pueda abordarla sube el precio porque los demás piden más y subastan, si están interesados suben el precio y negocian, el macho negocia. Cualquier mujer ha tenido hombres pesados que aunque digas que no insiste porque esa es la posición del macho, insistir hasta que consiga la hembra. Ese es el márketing real, si el producto es bueno la gente va a insistir y si no lo hace es porque el producto no es bueno.

Si la gente, ajena a tu familia, ha probado el producto y no le ha gustado entonces tienes que mejorarlo, pero si ya lo han probado y siguen queriendo más entonces ahí el producto ya es muy bueno y puedes poner el precio que son tus condiciones. En el momento que hay suficiente flujo puedes empezar a abrir la web, poner tus redes sociales...

Otra cosa que puede ocurrir es que seas una hembra con buen cuerpo, simpática... pero sólo atraes a hombres paletos, pobres... entonces el problema es el sitio por donde te mueves, tienes que irte a sitios donde se muevan hombres educados, con un alto nivel adquisitivo... para poder atraer a ese tipo de hombres. Esto en márketing significa que si estás en redes sociales con un canal de repostería tienes que entrar en otros canales que ya tengan muchos seguidores y comentar alguno de los videos: "Vaya pinta más buena que tiene esa tarta" un comentario elogioso y positivo, nada más. Esto es el equivalente a pasearse por los locales de lujo.

Tienes que dejar ver tu producto porque el comprador, el macho, es visual.

Por ejemplo, Amazon es una hembra, un catálogo de cosas muy bonitas y tú eres el macho, el comprador. Cuando el macho hace un esfuerzo para conseguir a la hembra se queda satisfecho porque es una conquista, si ha tenido que esforzarse y pagar un buen precio lo va a valorar más.

El macho que lo quiere fácil no es un buen macho, la gente que quiere regatear y conseguirlo más barato no es un buen macho, no es un buen comprador, quiere colocarse en el papel de hembra, es un comprador que juega a ser hembra. No te interesa como cliente, como comprador porque quiere cambiar los papeles.

El producto tiene que ser visualmente atractivo y sintético, para que con un golpe visual puedas obtener mucho.

154

Si vendes un intangible como reiki... lo ideal es fractalizar en forma de imagen y con poca información aquello que sabes hacer, da un concepto, una frase, algo que demuestre lo que sabes hacer de la forma más sintética y más rápida posible porque el comprador es macho, el macho tiene poca capacidad de atención, es muy simple, bastante impaciente y lo quiere todo visual.

Una explicación muy larga la mayoría no lo lee y si lo lee lo puede mal interpretar. Cuanto menos pongas, mejor.

Defínete con una o dos palabras que sean sencillas y no pretenciosas: Divulgador y Terapeuta Energético. En lugar de poner: sanador cuántico de la rama de Saint Germain y profesor de la academia de ciencias.

Hay mucha competencia, por lo que haz videos breves y sintéticos, si le gustas al macho ya verá tus videos largos.

Obsérvate como comprador y de esa forma ofrece productos que tú comprarías, por lo tanto el tipo de cliente que te va a comprar es el tipo de cliente que se parece a ti. Por lo que tu público objetivo es aquel que se parece a ti.

Luego puedes abarcar más pero esto te dará más problemas porque a medida que te alejas de tu esencia para complacer a otros cada vez pierdes más pasión y energía, con lo que te sentirás cada vez más cansado porque te estás alejando tanto de tí mismo y del comprador ideal que eres tú, un fractal tuyo, el cual que has tenido que dejar de ser tú para complacer a ese comprador. Te has perdido en el otro.

Si persigues y vas detrás eres el macho (el comprador) y cuando te persiguen eres la hembra (el producto) , no cambies estos roles. Convertirse en hembra es difícil porque tienes que tener un producto deseable.

Si quieres un producto sólido y estable y seleccionar el mejor macho que es aquel público que mejor se alinea con tus valores porque esa persona seguro que seguirá consumiendo tus productos.

Recupera el poder que tienes cuando eres vendedor, cuando tienes un producto de calidad que has generado por placer, por gusto, porque te apetece y por lo tanto es fácil que los demás lo demanden porque tú lo das encantado pero como tienes un tiempo y una energía limitados le pones un precio, ese el mejor márketing que hay y es incompatible con la prisas, con las urgencias, con las necesidades económicas. Esto es para hacer un cambio de vida hacia algo que te gusta.

Tienes que hacerlo desde el amor y al final se convierte en un servicio por la práctica, por la devoción, por el amor y las ganas que lo has puesto.

No exageres tu valor ni intentes minimizar al resto, con el tiempo se verá tu valor, tiene que ser algo natural, orgánico, funcional que ni siquiera sea la pretensión principal monetizarlo y así es cuando se puede conseguir sostenerlo a medio y largo plazo.

Si quieres un producto que no caduque jamás tiene que estar perfectamente en consonancia contigo, eso nose consigue de un día para otro, requiere mucha paciencia, mucha confianza y mucho autoconocimiento pero es lo más deseable y lo que seguro puedes llegar a conseguir.

Conviértete en esa hembra a la que como machos le encantaría poder seducir.

Te deseo mucho éxito en tu vida y que con estas herramientas energéticas seas capaz de cambiar tu vida y ponerla en el rumbo que deseas.

Piensa que ahora eres el capitán de un velero que por fín te han enseñado a cómo usarlas para que cuando el viento sople no tengas que seguir ese viento, sino que puedas dirigirte donde quieras por el mero hecho de saber cómo arriar las velas para llegar al destino que tú quieras.

Con mucho amor

Rosa Rioja

Dedicado a todas las maravillosas almas que habitan esta tierra y sienten el deseo de evolucionar como personas.

Entre todos podemos cambiar el mundo y para eso tenemos que empezar por nosotros mismos.

Te dedico este libro por haber tomado la decisión de mejorar y querer crecer en esta vida.

Si quieres seguir alguno de mis consejos puedes encontrarme en las redes sociales, en la web www.masana.fit o escribir al email masana.fit@gmail.com

GRACIAS, GRACIAS, GRACIAS